Peter Jäger

Whisky

aus Deutschland, Österreich und der Schweiz

Leopold Stocker Verlag

Graz – Stuttgart

Umschlaggestaltung:
DSR Werbeagentur Rypka GmbH, 8143 Dobl/Graz, www.rypka.at
Titelbild: Mona Lorenz, Gmunden

Bildnachweis: Die Bilder stammen vom Autor bzw. den jeweiligen Brennereien.

Der Inhalt dieses Buches wurde vom Autor und vom Verlag nach bestem Gewissen geprüft, eine Garantie kann jedoch nicht übernommen werden. Die juristische Haftung ist ausgeschlossen.

Bibliografische Information der Deutschen Nationalbibliothek
Die Deutsche Nationalbibliothek verzeichnet diese Publikation in der Deutschen Nationalbibliografie; detaillierte bibliografische Daten sind im Internet unter http://dnb.d-nb.de abrufbar.

Hinweis: Dieses Buch wurde auf chlorfrei gebleichtem Papier gedruckt. Die zum Schutz vor Verschmutzung verwendete Einschweißfolie ist aus Polyethylen chlor- und schwefelfrei hergestellt. Diese umweltfreundliche Folie verhält sich grundwasserneutral, ist voll recyclingfähig und verbrennt in Müllverbrennungsanlagen völlig ungiftig.

Auf Wunsch senden wir Ihnen gerne kostenlos unser Verlagsverzeichnis zu:
Leopold Stocker Verlag GmbH
Hofgasse 5 / Postfach 438
A-8011 Graz
Tel.: +43 (0)316/82 16 36
Fax: +43 (0)316/83 56 12
E-Mail: stocker-verlag@stocker-verlag.com
www.stocker-verlag.com

ISBN 978-3-7020-1338-7
Alle Rechte der Verbreitung, auch durch Film, Funk und Fernsehen, fotomechanische Wiedergabe, Tonträger jeder Art, auszugsweisen Nachdruck oder Einspeicherung und Rückgewinnung in Datenverarbeitungsanlagen aller Art, sind vorbehalten.
© Copyright by Leopold Stocker Verlag, Graz 2011
Layout und Repro: DSR Werbeagentur Rypka GmbH, 8143 Dobl/Graz
Druck: Druckerei Theiss GmbH., A-9431 St. Stefan

Inhalt

VORWORT

Bis zum Ende des Zweiten Weltkrieges war Whisky in deutschen Landen und am europäischen Festland nahezu unbekannt, zumindest bei der breiten Bevölkerungsmasse.

Whisky war neben Cognac, Armagnac oder Calvados und westindischem Rum ein eher geheimnisvolles, elitäres Getränk, das nur in teuren Bars oder exquisiten Lokalen ausgeschenkt wurde und somit kaum zugänglich war.

Nach dem Krieg begannen sich speziell in den Besatzungsgebieten die heimatlichen Getränke der vier Besatzungsmächte langsam aber sicher zu etablieren. In der englischen Zone wurde der schottische und vereinzelt auch der irische Whiskey breiteren Bevölkerungsschichten bekannt, in der amerikanischen Zone der Bourbon und vereinzelt auch der Canadian. Bis in die 70er-Jahre des letzten Jahrhunderts haftete dem **Whisky** immer noch ein gewisser Nimbus an, ein geheimnisvolles Fluidum zu sein, das den Konsumenten den Duft der großen weiten Welt und eine Präsenz im Club der harten Männer vermittelte: Wer ein echter Mann ist oder sein will, der trinkt Whisky pur oder mit Soda. Wer denkt nicht an die zahlreichen Western-Filme, in welchen im Saloon nur Whisky getrunken wurde.

Heute, im Zeitalter der offenen Binnenmärkte und der Globalisierungswelle, hat diese Spirituose breiten Bekanntheitsgrad erlangt und ist beinahe in jedem Supermarkt in großer Sortenvielfalt und vielen Preisklassen zu erwerben.

Neben den **Malts** und **Blends** aus Schottland und Irland sind es vor allem die **Bourbons** und **Canadians** aus Nordamerika, die Eingang in die Welt der „harten" Männer und Frauen gefunden haben, natürlich mit kräftiger Unterstützung durch die Werbebranche und die Medien.

Es soll nun primär Aufgabe dieses Buches sein, den Begriff Whisky transparent zu machen und zu verdeutlichen, was Whisky wirklich ist und wie und wo er erzeugt wird.

Über Whisky existiert äußerst wenig technologische bzw. technologisch fundierte Fachliteratur. Man findet meist Bilderbücher mit schönen Fotos von Brennereien in einer faszinierenden Landschaft, kurze Betriebsbeschreibungen sowie Erzählungen über die Geschichte der Betriebe. Meist werden Brennereien in Schottland beschrieben, seltener jene in Irland, kaum solche in Amerika oder Kanada.

Ferner gibt es einige Bücher, die neben einer Aufzählung von Brennereien auch eine sehr blumenreiche, oft nicht nachvollziehbare Beschreibung der Sinneseindrücke beim Verkosten enthalten.

Die Aufgabe diese Buches wird daher schwerpunktmäßig darin gesehen, zunächst in verständlicher Form die Technologie der Whisky-Herstellung zu vermitteln und andererseits neben den klassischen Whisky-Erzeugerländern auch neue Regionen aufzuzeigen, die einen Getreidebrand produzieren und dieses Erzeugnis **Whisky** nennen.

Der Sinn diese Buches soll vor allem darin bestehen, Ihnen die Materie **Whisky** derart nahezubringen, dass Sie nach dem Durcharbeiten der Ausführungen mit Recht sagen können:

Jetzt weiß ich, was Whisky wirklich ist!

Vergleichende Verkostungen selbst durchzuführen, bleibt Ihnen nicht erspart und diese werden ganz von selbst folgen. Anhand einer einfachen, aber präzisen Whisky-Ansprache sollen Sie lernen, Ihre beim Verkosten gewonnenen Sinneseindrücke allgemein verständlich auszudrücken und zu beschreiben.

Nun wünsche ich Ihnen viel Freude beim Studieren des Buches und viele Eindrücke beim Verkosten.

Sie werden feststellen, je mehr Sie sich mit der Materie **Whisky** befassen und sich darin vertiefen, umso mehr Freude werden Sie daran haben, Ihr beim Studieren gewonnenes technologisches Wissen beim Verkosten diverser Proben zu testen und Ihre Eindrücke mit exakten Worten wiedergeben zu können.

Mödling, im Sommer 2011
Dr. Peter Jäger

ZUM GEBRAUCH DIESES BUCHES

ALLGEMEINER TEIL

Hier soll dem Leser vermittelt werden, was Whisky wirklich ist, wie und wo er erzeugt bzw. hergestellt wird und worauf man beim Verkosten zu achten hat. Ferner, wie man ein Etikett richtig liest, mit welcher Temperatur und aus welchem Glas Whisky getrunken wird und vieles mehr. Dazu gehören auch die gesetzlichen Bestimmungen, die für das jeweilige Herstellerland gelten.

SPEZIELLER TEIL

In diesen Kapiteln soll primär festgestellt werden, ob es auch am europäischen Festland (Deutschland, Österreich, Schweiz) möglich ist, einen Getreidebrand herzustellen, der die Bezeichnung Whisky wirklich verdient, und ob ein Vergleich mit den Produkten aus den klassischen Erzeugerländern überhaupt möglich ist.

Die Beurteilung erfolgte technisch, technologisch und sensorisch nach wissenschaftlichen und praktischen Kriterien und wir hoffen, dass nach diesem Start in Zukunft noch mehr Betriebe den Mut aufbringen, an diesem Führer mitzuarbeiten, und eine vergleichende Beurteilung nicht scheuen.

Für die sensorische Beurteilung wurde ein einfaches 5-Punkte-Schema gewählt, das jedermann erlaubt, seine Sinnenprüfung verständlich und nachvollziehbar zu gestalten.

EINFÜHRUNG

Wenn man ganz allgemein über Whisky spricht, so wird darunter meist Whisky aus Schottland oder Irland verstanden. Einige sprechen auch von Bourbon oder Canadian. Viele verbinden den Namen Whisky immer noch mit einem elitären Getränk, das nur für eine bestimmte Kaste, für starke Männer oder nur für Leute mit einem dicken Geldbeutel bestimmt ist. So war es auch lange Zeit. Erst vor wenigen Jahren gelangten die verschiedensten Malt Whiskys und hochwertigen Blends aus Schottland und Irland zu uns. Neben billigem Fusel waren langsam auch wirkliche Raritäten auf dem Markt zu finden und das zu erschwinglichen Preisen

Wem der Whisky schmeckte, der stellte bald fest, dass Fachwissen und eine gewisse sensorische Schulung unerlässlich sind, um Whiskys beurteilen zu können. Um ein echter Kenner zu werden, genügt es nicht, mit einigen der Weinansprache entliehenen Wörtern und Floskeln um sich zu werfen oder ganz einfach diese oder jene Marke zu kaufen, weil sie gerade „IN" ist oder weil sie der Nachbar oder Herr Meier auch trinkt.

> Es ist wie bei jedem Hobby. Ein gewisser Grad an Weiterbildung ist einfach notwendig, wenn man mitreden will. Sich ein fundiertes Fachwissen anzueignen, ist auf alle Fälle besser, als nur triviale und banale Äußerungen von sich zu geben. Von Fachleuten wird man ohnedies rasch durchschaut.

Aber nun zurück zu diesem Buch. Als die häufig gestellte Frage, ob es außerhalb der klassischen Whisky-Länder, wie z. B. Schottland oder Irland bzw. Amerika oder Kanada noch andere Länder gibt, die trinkbare und mit den klassischen Produkten vergleichbare Whiskys erzeugen können, immer drängender wurde, machte ich mich auf dem europäischen Kontinent auf die Suche, in Deutschland, Öster-

Ist es möglich, außerhalb der klassischen Whisky-Länder Whisky zu erzeugen?

reich und der Schweiz. Ein Engländer bezeichnete Whisky aus diesen Ländern als **European Mainland Whisky.**

Im Vergleich zu den **Insel-Whiskys** aus Schottland oder Irland fanden sich auch am europäischen Festland, also in Deutschland, Österreich und der Schweiz, sehr wohl Produkte, die sich ohne weiteres in die Reihe der klassischen Produkte eingliedern lassen.

Im Gegensatz dazu bin ich aber auch auf Erzeugnisse gestoßen, die außer der Farbe nichts mit dem gewohnten Whisky-Erlebnis gemein hatten und grobe sensorische Fehler aufwiesen.

Was ist Whisky wirklich?

> **Whisky gehört grundsätzlich in die Gruppe der Getreide-branntweine.**
> **Aber Whisky, speziell Malt Whisky, ist auch ein Bierbrand. Nicht umsonst nennen sich in Schottland viele Betriebe nicht nur Destillery, sondern auch Whisky-Brewery.**

In Schottland und England wird z. B. ein Starkbier infolge seines hohen Alkoholgehaltes von 6-8 Vol.-% auch als **Barley Wine** bezeichnet.

Der Name **„Whisky"** ist leider nicht geschützt, so dass einige Brenner ein Produkt erzeugen, das zwar farblich einem gewohnten Whisky ähnelt, aber geruchlich und geschmacklich absolut nichts damit gemein hat.

Die Imitation eines der vielen bekannten klassischen Whiskys ist prinzipiell nicht möglich, da bei der Herstellung viel zu viele Faktoren und Imponderabilien mitspielen, die nicht nachvollzogen werden können.

Ist die Imitation klassischer Whiskys möglich?

> Wir werden es daher stets mit eigenständigen Produkten zu tun haben, die ganz spezifische Merkmale des Herstellers aufweisen, jedoch geruchlich und geschmacklich rein und sauber sein müssen und eine technologisch einwandfreie und richtige Herstellungsart nachvollziehbar präsentieren sollen.

Obwohl viele Hersteller betonen, dass es sich bei ihrem Erzeugnis um ein völlig eigenständiges Produkt handle, wird bei der Bezeichnung meist die englische Sprache verwendet und werden viele Namen aus der englisch-sprachigen Whisky-Welt benützt, um beim Endverbraucher neben der Farbe auch den optischen Eindruck zu erwecken, der Flascheninhalt sei ein „echter" Whisky. Der Geruchs- und Geschmackssinn beim Verkosten lässt sich jedoch nicht täuschen, d. h., der geschulte Endverbraucher wird rasch erkennen, ob der Flascheninhalt sensorisch mit den klassischen Produkten vergleichbar ist oder nicht.

Auf keinen Fall sollte ein Whisky nur nach Holz schmecken. Viele Brenner versuchen technologische Fehler und daraus entstandene

Die Gerste wird zu Malz verarbeitet.

Fehlaromen durch eine übermäßige und falsche Holzlagerung zu überdecken und den Kunden zu überzeugen, je kräftiger ein Whisky nach Holz schmecke, umso „echter" sei er.

Whisky ist ein Getreidebranntwein. Dabei unterscheiden wir die so genannten **Malts**, also Whiskys, die aus Malz, z. B. Gersten-, Weizen- oder Roggenmalz, oder einem Gemisch aus diesen hergestellt wurden, und Grains, also Whiskys, die aus Rohfrucht (nicht gekeimtes Getreide) hergestellt werden. Malz ist also gekeimtes Getreide, das selbst hergestellt werden kann, sofern man das nötige Fachwissen und die nötige Einrichtung dazu besitzt. Die meisten Brenner kaufen das Malz von Handelsmälzereien zu.

Das Ausgangsprodukt für Malzwhiskys ist eine verzuckerte Malzmaische (Malzschrot + Wasser), die als Maische vergoren werden kann **oder** nach der Verzuckerung filtriert (= **abgeläutert**) wird. Die klare, filtrierte Malzzuckerlösung nennt der Brauer **Würze**. Ein Whisky, der aus abgeläuterter Malzwürze hergestellt wird, wird in der Fachsprache als ein im **Würzeverfahren** hergestellter Whisky bezeichnet.

Wird die verzuckerte Maische nicht abgeläutert und die treberhaltige Maische vergoren und anschließend destilliert, so wird dies meist nicht angeführt, da diese Art der Herstellung seit jeher üblich ist. Der Engländer nennt das aus der vergorenen Maische gewonnene Destillat „**Destillers Beer**".

Im Rahmen der **Malt Whiskys** gibt es eine spezielle Art, die **Rauchwhiskys**, die ganz oder teilweise aus mehr oder weniger geräuchertem Malz hergestellt werden. Das Rauchmalz verleiht dem Whisky eine ganz spezielle geschmackliche Note, die nicht jedem Gaumen zusagt. In Franken gibt es eine spezielle Bierart, das **Rauch-**

Torf wird zum Erzeugen des Rauchmalzes benötigt.

bier, für welches dasselbe gilt. Die beim Darren des Malzes von den Rauchgasen abgegebenen Rauchinhaltsstoffe verleihen dem Malz einen „rauchigen" Geschmack, der beim Brauen an das Bier weitergegeben wird. Daher der Name **Rauchbier**. Ganz ähnlich ist es beim Brennen. Die mit **Rauchmalz** hergestellte Würze verleiht dem Destillat einen rauchigen Touch. Es entsteht ein – je nach der Menge des verwendeten Rauchmalzes unterschiedlich intensiver – **Rauchwhisky**.

Was ist Rauchmalz?

Zur Gruppe der Getreidebranntweine gehören die **Grains**, also Whiskys, die aus Rohfrucht (Gerste, Weizen, Roggen, Hafer, Mais, Hirse, Dinkel, Triticale etc.) hergestellt werden. Diese Produkte unterscheiden sich sensorisch, also **geruchlich und geschmacklich,** deutlich von den Malt Whiskys, ja sie **sollen** sogar die typischen sensorischen Merkmale der jeweiligen Rohfrucht aufweisen.

Was ist Malzwhisky?

Während **Malzwhisky** eher süßlich und malzaromatisch schmecken soll, erwartet man vom **Rohfruchtwhisky** den typischen Geruch und Geschmack der jeweiligen Rohfrucht. Dieser hat seine Liebhaber. Man sollte nie sagen: **Der ist nicht gut!** Es ist besser zu sagen: **Der sagt mir nicht zu. Es ist nicht mein Geschmack.**

Für den Technologen ist es wichtig, dass der jeweilige Whisky richtig, ohne gravierende Fehler hergestellt wurde und sensorisch rein und sauber schmeckt. Die jeweiligen sensorischen Eigenheiten sollen deutlich zum Ausdruck kommen und nicht durch Fremdeinflüsse, wie z. B. Holzgeschmack, überdeckt werden.

So soll die Lagerung in Holzfässern nicht den eigentlichen Charakter des Whiskys überlagern, sondern durch eine Nuance des Holztones **oder** der vorher im Fass gelagerten Produkte (z. B. Sherry, Portwein, Süßweine etc.) dem Whisky eine ergänzende Note verleihen, aber nicht den eigentlichen sensorischen Eindruck des Whiskys überdecken oder gar völlig zerstören.

Die Lagerung im Holzfass verleiht dem Whisky eine ergänzende Note.

Zum Begriff **Grain Whisky** soll noch Folgendes bemerkt werden:

Die wenigsten Whisky-Trinker haben wohl je einen klassischen Grain Whisky aus Schottland oder Irland getrunken. Das hat ganz einfache Gründe. Grain Whisky aus Getreiderohfrucht, wie z. B. Gerste, Roggen, Hafer, Weizen, Mais, Hirse etc., wird erstens in den dortigen Ländern immer mithilfe des Kolonnen-Verfahrens (Coffey-Still; kontinuierliches Brennen) hergestellt, ist stets hochprozentig (über 85 Vol.-%), hat daher deutlich weniger Geschmacksstoffe als der Malt Whisky und wird in der Hauptsache zum Blenden (Vermischung von geschmacksintensivem Malt Whisky mit eher geschmacksneutralem hochprozentigem Grain Whisky) eingesetzt. Die Erfindung des Blendens machte den englischen (schottischen und irischen) Whisky

Was ist Rohfrucht-Whisky?

erst am europäischen Festland salonfähig und ist verantwortlich für die Akzeptanz und Verbreitung von Whisky in Europa überhaupt.

Zweitens wird Grain Whisky kaum in Flaschen gefüllt und ist reinsortig – natürlich auf Trinkstärke eingestellt – fast nirgends im Handel zu bekommen. Eine schottische Brennerei aus den Lowlands (Old Cameron Brig) bildet eine der wenigen Ausnahmen. Diese füllt ihren Grain Whisky in Flaschen ab und bezeichnet ihn als Single Grain Whisky.

> Die am Markt erhältlichen Rohfrucht-Getreide-Whiskys kommen alle aus Amerika. Dies sind der Maiswhiskey **„Bourbon"** und der Roggenwhiskey **„Rye".** Diese beiden unterscheiden sich sensorisch deutlich von den aus Gerstenmalz hergestellten Malt Whiskys.

Mais und Roggen waren in Amerika verfügbar und die ersten Auswanderer (Pilgerväter) brannten eben aus diesen Rohstoffen ihren Trinkbranntwein, in Erinnerung an den irischen oder schottischen Whisky aus der alten Heimat. Technologisch sind die Herstellungsverfahren für Bourbon und Rye ganz anders als für die Malts.

Auch die kanadischen Whiskys sind leichter als die schottischen oder irischen, weil das Herstellungsverfahren ein anderes ist.

Wenn nun die Hersteller von Getreidebranntweinen auf dem europäischen Festland ihr Produkt ebenfalls als **„Whisky"** bezeichnen, so ist dies zwar möglich, da der Name **„Whisky"** nicht geschützt ist, jedoch muss stets berücksichtigt werden, dass das Herstellungsverfahren am europäischen Festland anders ist als bei der Erzeugung von Malzwhisky aus den Ursprungsländern und der Geschmack dieser Produkte meist deutlich von jenen abweicht. Getreidebrände aus Rohfrucht sind ebenso nicht generell vergleichbar mit den aus Malz hergestellten Erzeugnissen, sind also quasi ein Produkt **sui generis** und müssen eigenständig bewertet werden. Ebenso wie Bourbon oder Rye Whiskeys ihren Mais- und Roggengeschmack nicht verleugnen können, so darf auch bei unseren heimischen Getreidebranntweinen durch eine falsche oder übermäßige Fasslagerung **nicht versucht werden**, den Rohfruchtcharakter zu überdecken. Er muss deutlich erkennbar sein. Die Bezeichnung **Whisky** kann also toleriert werden, wenngleich die Herstellung in unseren Obst- und Kornbrennereien nicht vergleichbar ist mit der Herstellungsweise der schottischen Grain Whiskys oder der amerikanischen Bourbons oder Ryes.

Neben dem verwendeten Rohstoff ergeben sich beim Fertigprodukt **deutliche Unterschiede durch verschiedene Maischverfahren, unterschiedliche Destillationsverfahren, durch Verwendung verschiedener Heferassen und Hefestämme, durch unterschiedliche Gärschemata, durch verschiedene Lagertemperaturen und Lagerzeit, durch unterschiedliche Lagerbehälter (frisches oder**

Die Bezeichnung „Whisky" ist nicht geschützt.

altes Holz, Behandlung des Holzes, Holzart, Holzvorbehandlung und Vorleben des Holzes, z. B. Portwein-, Sherry-, Bourbon-Whiskey-, Südweinfüllungen etc., oder bezüglich Material, Glas, Edelstahl, Keramik etc.).

Als Mindestlagerzeit werden drei Jahre vorgeschrieben, um ein gewisses sensorisches Potential zu erreichen. Jedoch finden sich auch Produkte auf dem Markt, die 25 Jahre oder mehr gelagert wurden. Ich besitze z. B. einen schottischen Whisky, der nach 30 Jahren Lagerzeit filtriert und abgefüllt wurde. Addiert man die nunmehrige Verweilzeit in der Flasche, so ergibt sich ein Gesamtalter von über 50 Jahren.

Es gibt aber auch Produkte, die bereits vor Ablauf der dreijährigen Mindestlagerzeit ein sehr gutes sensorisches Potential erreichen und durchaus schon verkaufsfähig wären.

In der Regel verändert sich die positive Qualität eines Whiskys kaum mehr, wenn er einmal abgefüllt ist und sich in der Flasche befindet. Es ist auch nicht sinnvoll, eine einmal angebrochene Flasche längere Zeit aufzubewahren, da es infolge von Verdunstung nicht nur zu Alkoholverlusten, sondern auch durch den Abbau von Inhaltsstoffen zu Geschmacksveränderungen kommen kann.

Liegt ein Whisky viele Jahre im Lagerfass, so darf die Länge der Lagerung nicht allein als Wertmaßstab oder Qualitätsmaßstab für die Qualitätsbeurteilung herangezogen werden. Manche erreichen ihr sensorisches Maximum früher, manche später. Die optimale Lagerzeit für einen Whisky muss durch **vergleichende Sensorik** ermittelt werden. Meist ist der Whisky schon verkauft, bevor das optimale Geruchs- und Geschmackserlebnis erreicht ist. Malts und Grains verhalten sich bezüglich Lagerdauer unterschiedlich. Eine Diskussion über die optimale Lagerzeit eines Whiskys ist oft sehr individuell und kann zu einer richtigen Philosophie werden.

Eine nicht unwesentliche Rolle spielt auch die Qualität des verwendeten Wassers. Mikrobiologische Sauberkeit ist Grundvoraussetzung, die Wasserhärte und deren Zusammensetzung ist für viele Prozesse ein wichtiger Faktor. Neben den Härtebildnern kann das Wasser auch andere Stoffe, wie z. B. Eisen, Huminsäuren etc., enthalten, die sich geschmacklich im Whisky auswirken können.

Ganz entscheidend ist die Vorbildung der Brenner. Es gibt Brauer, die Malt Whisky erzeugen. Entweder sie brennen selbst und haben sogar schon früher einen Bierbrand hergestellt oder sie lassen in einer Brennerei lohnbrennen. Die Brauer liefern die Würze und der Brenner stellt daraus einen Getreidebrand her. Letztere Variante treffen wir bei vielen Brauereien, welche einen Malzwhisky in ihrem Sortiment führen.

Es gibt Brauer, die das hergestellte Destillat selbst lagern und ausbauen, und andere, die diesen Schritt ebenfalls dem Brenner überlassen.

Wie wirkt sich die Lagerzeit auf die Qualität des Whiskys aus?

Weiches, sauberes Wasser ist eine Voraussetzung für besten Whisky

Äußerst wichtig ist die Vorbildung des jeweiligen Brenners. War er bereits Kornbrenner und ist er mit den enzymatischen Vorgängen beim Maischen vertraut oder war er bisher Obstbrenner und sind diese Abläufe für ihn Neuland? Welche Hefen werden für die Vergärung verwendet, welche Gärtemperaturen müssen gefahren werden, welche Destillationsanlagen stehen zur Verfügung (Blasenanlage oder Kolonnenanlage), welches Lagermaterial für die Destillate steht zur Verfügung und vieles mehr.

Hat der Brenner bereits Erfahrung mit Bierbrand oder ist die Erzeugung von Getreidebränden ein völliges Novum?

Viele Brenner haben mir erzählt, dass sie anfangs viel Lehrgeld bezahlt haben. Erst durch eine Vielzahl von schlechten und rein empirischen Erfahrungen seien sie zu dem heutigen Wissensstand gekommen. Von diesem Blickwinkel her betrachtet, versteht man auch einige Brenner, die ihr mühsam und teuer erworbenes Wissen nicht preisgeben wollten.

> Durch eine Vielzahl rein empirischer Erfahrungen kamen die Brenner zu ihrem heutigen Wissensstand.

Mit Hilfe des Verlages „Die Kleinbrennerei", über das Internet und über befreundete Brenner wurde versucht, in den drei angesprochenen Ländern Betriebe ausfindig zu machen, die Whisky erzeugen und bereits verkaufen. Diese Betriebe wurden vom Verlag angeschrieben und gefragt, ob sie an einer Mitarbeit an einem Whisky-Führer interessiert seien. In Deutschland wurden 16 Betriebe angeschrieben, in Österreich 6 und in der Schweiz 10. Da auf die schriftliche Anfrage des Verlages keine Rückantwort kam, kontaktierte ich die Betriebe telefonisch. Einige waren nie erreichbar, einige lehnten eine Mitarbeit kategorisch ab, da sie ihre „Geheimnisse" nicht preisgeben wollten, aber die meisten sagten spontan zu, gaben für den Fachmann interpretierbare Auskünfte und schickten auch Prospektmaterial sowie Kostproben für die sensorische Beurteilung.

GESCHICHTE & VERBREITUNG DES WHISKYS

Iren und Schotten streiten sich heftig, wer der Erfinder des Whiskys ist. Die eigentliche Geburtsstunde verliert sich im Dunkel der Geschichte. Der hl. Patrick wird von beiden Nationen als der Schutzpatron der Whisky-Brenner akzeptiert.

> Das Jahr 1494 liefert den ersten schriftlichen Nachweis über die Herstellung von Whisky in Schottland. Aus dem 16. Jahrhundert stammt der erste schriftliche Beleg über die Herstellung von Getreidebrand in Irland.

Nur Whisky, der in Irland oder Schottland destilliert, abgefüllt und gelagert wurde, darf sich heute irischer oder schottischer Whisky nennen. Derzeit existieren in Schottland etwa 120 Brennereien, in

Irland nur mehr drei. Dazu muss bemerkt werden, dass die Whisky-Landschaft ständig in Bewegung ist, d. h., es werden laufend alte Betriebe geschlossen, neue gegründet, sie werden verkauft und gehören über Nacht zu einem anderen Konzern. Hinzu kommt, dass bereits geschlossene Betriebe noch über beachtliche Lagermengen verfügen, die weiterhin unter dem bekannten Namen verkauft werden, obwohl die Brennerei nicht mehr produziert.

Der **amerikanische Whiskey** ist relativ jung und verdankt seine Entstehung irischen und schottischen Auswanderern. Im Jahre 1620 brachte die **Mayflower** die ersten Einwanderer von England nach Amerika. Zur damaligen Zeit wurde in Amerika hauptsächlich Rum getrunken und später Roggenbranntwein. Danach kam die Erzeugung von Branntwein aus Mais hinzu.

> Ab 1770 wurde verstärkt Mais angebaut und die Erzeugung von Maiswhiskey ging vom County Bourbon aus, das in Virginia liegt. Der Name Bourbon-County geht auf das französische Geschlecht der Bourbonen zurück. 1821 wird der Name Bourbon Whiskey das erste Mal erwähnt.

Heute hat ein **Maiswhiskey** mit mindestens 51 % Maisanteil in der Schüttung den Namen **Bourbon**. Dieser darf nur in den Vereinigten Staaten erzeugt werden. Weiters wird dort auch noch immer **Rye Whiskey** erzeugt. In den bekannten Whiskey-Ländern Tennessee, Kentucky und Virginia existieren etwa zwölf große und bekannte Brennereien. Darüber hinaus gibt es natürlich hunderte von Mikrobrennereien, die alle ihren eigenen Whiskey herstellen.

Was ist Bourbon Whisky?

Im Rahmen der traditionellen Erzeugerländer ist wohl **Kanada** das jüngste. Dort begann man im letzten Viertel des 19. Jahrhunderts, Whisky zu brennen. Es bestehen in der Produktion gewisse Ähnlichkeiten mit der Erzeugung von amerikanischem Whiskey, aber auch deutliche Unterschiede. Heute bestehen in Kanada etwa elf große Whisky-Brennereien. Wie auch in Amerika begann die Whisky-Erzeugung in Kanada durch eine Vielzahl von eingewanderten schottischen und irischen Kleinbauern, die anfangs jedes Getreide, das brennbar war, zu Getreidebranntwein oder eben Whisky verarbeiteten. Da im Süden Kanadas der Anbau von Mais, Gerste und Roggen möglich ist, wurden diese Rohstoffe schwerpunktmäßig zur Whiskey-Erzeugung eingesetzt. Die Herstellung erfolgte damals wie auch heute noch nach dem traditionellen Pot-Still-Verfahren (= diskontinuierliches Brennen in Brennblasen) und dem neueren Kolonnen-Verfahren (oder Patent-Still-Verfahren = kontinuierliches Brennen). Die Lagerung wird zwar auch in Holzfässern durchgeführt, jedoch fast nie in frischen ausgekohlten Bourbon-Fässern, sondern stets in gebrauchten bzw. vorher bereits mehrfach gefüllten Fässern.

Wodurch unterscheidet sich kanadischer Whisky von anderen Whiskys?

Der kanadische Whisky sollte stets leicht und eher weich schmecken, im Gegensatz zu den schweren Malt Whiskys oder den harten, rauen Rye Whiskys.

> Interessant ist, dass die kanadischen Whiskys ihr Aroma nicht nur durch eine Vielzahl von unterschiedlich destillierten und verschieden lange gelagerten Whiskys erhalten, sondern auch durch einen **erlaubten Zusatz von bis zu 9,09 %** importierter anderer Spirituosen und Südweine, wie z. B. von Rum, Bourbon Whiskey, schottischem Malt Whisky, Weinbrand, Sherry, Portwein etc. Die kanadischen Whiskys sind zwar leicht, jedoch stets voller Aroma.

Wo in der Welt wird noch Whisky hergestellt?

Etwa 1923 begannen auch die **Japaner,** Whisky zu erzeugen. Das Ziel war eine Imitation schottischer Whiskys. Dies ist jedoch nie gelungen. Es gibt derzeit etwa zwölf Whisky-Brennereien in Japan. Sie bauten sogar die größte Destillieranlage der Welt. Es wird jedoch nach wie vor schottischer Malt Whisky importiert. **Japan** ist heute einer der größten Whisky-Produzenten der Welt.

Auch **Australien** versuchte, eigenen Whisky zu produzieren. Bis 1920 wurde fast nur Whisky aus Schottland importiert. Dann versuchte man im Inland, Whisky herzustellen. Aber gegen Ende der 80er-Jahre des 20. Jh. wurden vorübergehend alle Bemühungen diesbezüglich eingestellt. Erst 1992 wurden wieder Brennkonzessionen vergeben. Derzeit existieren wieder vier Brennereien in Australien, die Malt Whisky erzeugen.

Sogar in **Neuseeland** ist heute wieder eine kleinere Malt-Whisky-Brennerei vertreten.

Erstaunlich ist auch, dass in **Indien** Malt Whisky erzeugt wird. Das Land zählt sogar zu den größten Whisky-Produzenten weltweit. Bei uns ist indischer Whisky weitestgehend unbekannt. Er ist auch nicht mit den klassischen Malt Whiskys zu vergleichen, da Melasse mitverarbeitet werden darf. Es waren wahrscheinlich die Engländer, die im Rahmen ihrer Kolonialtätigkeit die Whisky-Produktion nach Indien brachten. Heute gibt es etwa 15 Malzbrennereien in Indien, die aber auch Rum, Gin, Brandy etc. erzeugen. Interessant ist, dass heute noch in drei Bundesstaaten Indiens ein komplettes Alkoholverbot herrscht.

In **Deutschland** wurde in den 60er-Jahren des 20. Jh. die Marke **Racke Rauchzart** auf den Markt gebracht. Es handelte sich dabei um einen Verschnitt aus schottischen Malts und inländischem Neutralsprit aus Getreide. Als die DDR noch bestand, gab es zeitweise auch den „Jakob Stück Whisky" und den „Falkner". Deutschland ist kein Whisky-Land, es werden vielmehr Bier, Wein und je nach den einzelnen Bundesländern Obst-, Korn- oder Wurzelbranntweine bevorzugt. Es ist daher erstaunlich, dass **1983** in einem kleinen fränkischen Ort die **Erste deutsche Malt-Whisky-Brennerei**, die **Blaue Maus,** gegründet wurde. Seither wird dort ein Malt Whisky in vielen „Spielarten" erzeugt. Heute sind es etwa 20 Betriebe in Deutschland, die sich mit der Herstellung von Whisky (Malz- und Getreidewhisky) befassen. Gegen Ende der 90er-Jahre folgten weitere Malt-Whisky-Erzeuger dem Trend. Auch einige Grain-Whisky-Hersteller ergänzten die Palette.

In **Österreich** wurde in Roggenreith im Waldviertel von **Johann Haider** die **1. Whiskydestillerie Österreichs** im Jahre **1995** ins Leben gerufen. Ursache war der EU-Beitritt Österreichs, der viele landwirtschaftliche Betriebe in eine Notlage brachte und ein wirtschaftliches Umdenken erforderlich machte. **1998** destillierte Hans **Reisetbauer** seinen ersten Malzwhisky. Ihm folgten etwa sechs weitere Betriebe, die auf den Zug der Whisky-Erzeugung (Malt und Grain) aufsprangen.

In der **Schweiz** war seit dem Ersten Weltkrieg lange Zeit die Erzeugung von Trinkbranntweinen aus stärkehaltigen Rohstoffen verboten. Erst nach Änderung und Neuformulierung der Verordnung wurde **1999** die Verarbeitung von stärkehaltigen Rohstoffen (Kartoffeln und Getreide) gesetzlich legalisiert. Ab diesem Zeitpunkt wurde auch in der Schweiz mit der Whisky-Erzeugung begonnen. Schwerpunktmäßig sind es Brauereibetriebe, die diese Marktlücke entdeckten und nützten. Seither werden im Eigen- oder im Lohnverfahren Bierbrände und Whiskys erzeugt und angeboten. Auch bisherige Obstbrenner wagten es, Malt oder Grain Whiskys zu erzeugen. Heute sind es etwa zehn Betriebe in der Schweiz, die sich mit der Herstellung von Whisky befassen, sei es in Symbiose mit einer Brauerei oder ganz in Eigenregie. Einer der ersten war die Bauernhofbrennerei **„Die Holle"**, welche einen Whisky auf den Schweizer Markt brachte, gefolgt vom **Brennereizentrum Bauernhof** in Baar.

Whiskysortiment der Brennerei Fleischmann.

In diesem Buch werden schwerpunktmäßig Whisky-Erzeuger in Deutschland, Österreich und der Schweiz besprochen, soweit sie bereit waren, sich zu beteiligen.

Darüber hinaus gibt es natürlich im restlichen Europa noch einige Länder, die sich mit der Whisky-Produktion befassen. Diese sollen der Vollständigkeit halber nachstehend noch erwähnt werden. Hierzu muss bemerkt werden, dass es einige Betriebe erst seit Kurzem gibt und noch keine Produkte auf dem Markt haben bzw. nur regionale oder gar nicht bekannte. Andere haben so geringe Erzeugungsmengen, dass sie kein kontinuierliches Verkaufsprogramm am Leben erhalten können. Dies gilt auch für viele der deutschen, österreichischen und Schweizer Kleinbetriebe.

Wer hätte gedacht, dass auch in **Frankreich**, dem Land des Cognacs, des Armagnacs und des Calvados, Whisky gebrannt wird. Die bekanntesten drei Brennereien befinden sich in der Bretagne, da das dortige Klima dem von Schottland oder Irland sehr ähnlich ist.

Genau genommen liegen **England** und **Wales** zwar auf den Britischen Inseln, sind aber, was Whisky betrifft, nicht mit Schottland oder Irland zu vergleichen. Man findet aber auch in England und Wales je eine Brennerei, die Malt Whisky, ja sogar Single Malt Whisky herstellt.

In **Polen** und **Tschechien** wird natürlich an Spirituosen in der Hauptsache Wodka getrunken. Es findet sich in beiden Ländern jedoch je eine Brennerei, welche seit Ende des Zweiten Weltkrieges Malt Whisky erzeugt.

Nun wollen wir noch einen Blick nach **Skandinavien** werfen. In der Tat gibt es auch am schwedischen Festland eine Brennerei, die einen Single Malt produziert. Auf der Insel Gotland soll in Kürze eine weitere Brennerei entstehen. Auch in Norwegen soll auf den Lofoten eine Whisky-Brennerei gebaut werden. In Finnland sind derzeit zwei Brennereien in Betrieb, die Malt Whisky herstellen. In Skandinavien ist die Herstellung von Alkohol immer auch mit Schwierigkeiten verbunden, da die Preise dafür in der Gastronomie und im Handel sehr hoch sind und vielerorts noch die Prohibition herrscht.

Whiskyauswahl der
Brennerei Haider

WAS BEDEUTET DER NAME WHISKY, WO KOMMT ER HER?

Der Name **Whisky** kommt aus Schottland und geht auf die keltische oder gälische Ursprache zurück: *Uisge beatha*. Das Wort bedeutet **Lebenswasser** oder **Wasser des Lebens**. In Frankreich nennt man den Weinbrand Eau-de-vie de vin, Lebenswasser aus Wein. In Skandinavien nennt man klare Bränden **Aquavit** (aqua vitae = Lebenswasser).

In Schottland hieß das Lebenswasser ursprünglich **Uisge beatha** ⇨ **usquebough** ⇨ **uisgi** ⇨ **uiski** ⇨ **whiski**. Aus letzterem Wort entstand dann das heutige Wort **Whisky**.

Ist das Wort „Whisky" geschützt?

International ist das Wort „Whisky" leider nicht geschützt, so dass alle Länder, die eine ähnliche Spirituose erzeugen, diese Whisky nennen dürfen. Lediglich die Angabe des Herstellerlandes garantiert dem Käufer, dass das Produkt z. B. aus Schottland oder Irland stammt. Steht z. B. auf dem Etikett „destilled, stored and bottled in Scotland" und findet man dazu noch den Namen und Standort der Brennerei oder der Blending-Firma, so kann man sichergehen, dass die Ware auch wirklich aus Schottland stammt.

Diese Angaben gelten für alle Whisky erzeugenden Länder. Nur so kann der Konsument sichergehen, dass die gekaufte Ware auch wirklich aus dem Erzeugerland stammt.

WIE SCHREIBT MAN DEN NAMEN „WHISKY" RICHTIG?

Aufgrund der Schreibweise können Sie bereits optisch erkennen, woher der Flascheninhalt stammen könnte. Lesen Sie dann das Etikett genauer, so kann der Flascheninhalt unschwer und richtig zugeordnet werden.

In Schottland und Kanada lautet die Bezeichnung **Whisky**, wohingegen man in Irland und Amerika das Produkt als **Whiskey** betitelt.

In Deutschland, Österreich und der Schweiz wird das Produkt allgemein als **Whisky** bezeichnet. Sie müssen daher das Etikett genau lesen, um zu erfahren, ob es sich um Malt Whisky oder Grain Whisky handelt. Steht Grain Whisky auf dem Etikett, so muss der Etikettentext klare Auskunft darüber geben, ob es sich um Mais-, Roggen-, Hafer-, Hirse- oder Weizen-Rohfrucht-Whisky handelt.

Steht nur Malt Whisky auf dem Etikett, so wurde der Flascheninhalt in der Regel aus Gerstenmalz hergestellt. Wurde Roggen-, Hafer- oder Weizenmalz als Rohstoff verwendet, so muss dies auf dem Etikett deutlich vermerkt sein.

WELCHE WHISKY-KLASSIKER GIBT ES?

Es gibt **Malt Whisky, Grain Whisky, Blended Whisky, Luxus Blend Whisky, Vatted Whisky, Peated Whisky, Unpeated Whisky, Pure Malt Whisky, All Malt Whisky, Single Malt Whisky, Single Grain Whisky, Cask Strength Whisky, Bourbon Whiskey, Straight Bourbon Whiskey, Blended American Whiskey, Corn Whiskey, Rye Whiskey** und **Canadian Whisky.**

MALT WHISKY

Malt Whisky ist zu 100 % aus Gerstenmalz gebrannt.

Steht auf einem Etikett **Malt**, **Malt Whisky**, **All Malt Whisky** oder **Pure Malt Whisky**, so ist der Whisky zu 100 % aus Gerstenmalz hergestellt. Daraus kann allerdings nicht geschlossen werden, ob der Malt aus Peated (= getorftem) oder Unpeated Malt hergestellt wurde. Dazu muss man wissen, wo die Brennerei liegt, und man muss den Whisky probieren und schmecken, ob Rauchmalz verwendet wurde oder nicht. Man kann davon ausgehen, dass es sich dabei um Vatted Whiskys (Whiskys verschiedener Fasslagerungen, nicht unbedingt aus einer Brennerei) handelt. Dies wird daraus deutlich, wenn eine Region angegeben ist, aus welcher der Whisky stammt, z. B. Highland Scotch Whisky.

Die meisten Brennereien stellen einen Pure Malt her, verkaufen aber auch ihren Malt an Blend-Firmen. Viele Blends erhalten einen eigenen Namen, der teilweise schon weltweit etabliert ist und keinen Rückschluss darauf zulässt, welcher oder welche Malts darin verarbeitet wurden. Insiderwissen ist also hier gefragt. Hier wird das erste Mal deutlich, dass man sich wirklich mit Whisky beschäftigen muss.

Gerstenmalz vor dem Mahlen

SINGLE MALT WHISKY

Steht auf einem Etikett diese Bezeichnung, so versteht man darunter Malt Whisky **einer einzigen Brennerei**, der meist viele Jahre gelagert wurde. Die gesetzliche Lagerzeit z. B. in Schottland beträgt drei Jahre. Single Malts werden meist länger gelagert (acht bis zwölf Jahre), sind eine Spezialität und auch entsprechend teurer. Meist ist der Name der Brennerei angegeben, so dass der Insider weiß, aus welcher Region der Whisky stammt.

VATTED MALT WHISKY

Hier handelt es sich ebenfalls um 100 % Malzwhisky, jedoch nicht um Malzwhisky aus einer einzigen Brennerei, sondern um ein **Ge-**

misch **verschiedener Malt Whiskys**, z. B. aus einer Region. Am Beispiel Schottlands: Vatted Highland Malt Whisky.

Blended Whisky

Grundsätzlich ist ein **Blend** ein Gemisch aus Malt Whisky und Grain Whisky. Malt Whisky ist aromatischer und gehaltvoller als Grain Whisky, der aus verschiedenen Rohfruchtarten, z. B. Weizen, Roggen, Hafer, Gerste, Mais etc. hergestellt wird. Grain Whisky wird ganz anders produziert als Malzwhisky, ist hochprozentiger und – hochprozentig destilliert – auch geschmacksneutraler als Malzwhisky. Der wiederum ist schwerer und spezifischer als ein Grain und war daher nicht überall verkäuflich. Erst als ein schottischer Brenner das Blending erfunden hatte, also einen Verschnitt der schweren rauchigen Malt Whiskys mit dem leichten, eher neutralen Grain Whisky, schlug die Stunde des Whiskys und der Verkauf, der sich vorher nur auf die Britischen Inseln beschränkt hatte, blühte zunächst in Europa und dann weltweit auf.

Ein **Blend** ist also ein Gemisch aus Malt und Grain Whisky, wobei der Malt-Anteil zwischen 5 und bis zu 75 oder 80 % schwanken kann. In der Regel sind in einem guten Blend zwei bis drei Grain Whiskys enthalten. Je mehr verschiedene Malt Whiskys in einem Blend verarbeitet werden, umso teurer ist der Blend. Insider sprechen davon, dass z. B. in einem **Luxus Blend** bis zu **50 verschiedene Malts** verarbeitet werden. Solche Luxus Blends sind etwa Chivas Regal oder Dimpl. Es liegt auf der Hand, dass es großer Vorräte bedarf, um jahrelang fast denselben Geschmack erzeugen zu können. Dies erklärt vor allem das hohe Preisniveau derartiger Produkte.

Für den Preis eines guten Blends ist nicht nur die **Zahl** der verwendeten Malzwhiskys verantwortlich, sondern auch das **Alter** der Malzwhiskys. Beide Faktoren zusammen bestimmen den Preis des Fertigproduktes.

Hier soll noch ein wichtiger Punkt zum Verständnis eines Blends erwähnt werden: Original **Grain Whisky** ist wie erwähnt geschmacksneutraler als **Malt Whisky** und enthält lediglich 25-30 % der Aromastoffe, die in einem Malt Whisky vorhanden sein können.

Dimple zählt zu den Luxus Blends

Grain Whisky und Single Grain Whisky

Malzwhisky wird generell aus Gerstenmalz hergestellt. Malz ist also gekeimte und anschließend getrocknete Gerste. Beim Keimen bilden sich Enzyme, die beim Maischprozess die Stärke verzuckern. Wird ein Malzwhisky aus anderem Malz als Gerstenmalz hergestellt, muss dies am Etikett vermerkt werden, z. B. Whisky aus Hafer-, Roggen- oder Weizenmalz.

Grain Whisky wird dagegen aus rohem **unvermälzten** Getreide (= Rohfrucht) hergestellt. Die Stärke der Rohfrucht muss zuerst mit einem speziellen Verfahren aufgeschlossen werden, damit anschließend beim Maischeprozess die Rohfruchtstärke durch Enzyme verzuckert werden kann. In der Regel besteht die Schüttung eines Grain Whiskys aus 85 bis 90 % Rohfrucht und aus 10 bis 15 % enzymhaltigem Gerstenmalz.

Als Rohfrucht wurden früher Gerste, Weizen, Roggen, Hafer, Mais etc. verwendet. Später wurde vorwiegend Mais eingesetzt und heute wird hauptsächlich Weizen (Winterweizen) verwendet. Rohfrucht ist meist billiger als vermälztes Getreide.

Ein **Single Grain Whisky** stammt aus einer einzigen Brennerei und wird nicht mit anderen Single-Grain-Whiskys verschnitten. Derzeit gibt es zehn bis zwölf Single-Grain-Whisky-Brennereien in den Lowlands von Schottland. Wenige füllen einen Single Grain auf Flaschen ab. Die bekannteste Abfüllung stammt von der Brennerei **Cameron Bridge** aus Windygates, die 1824 gegründet wurde.

CASK STRENGTH WHISKY

Darunter versteht man die Abfüllung eines einzigen Lagerfasses. Dieser Whisky wird in der Regel nicht filtriert und vor allen Dingen nicht verdünnt, d. h., er wird **nicht** auf Trinkstärke eingestellt. Die Alkoholkonzentration derartiger Whiskys liegt zwischen 50 und 65 Vol.-%. Diese Produkte werden in der Regel lange gelagert und stellen eine Rarität dar. Infolge des hohen Alkoholgehaltes ist ein derartiger Whisky nur etwas für Liebhaber.

BOURBON WHISKEY

Bourbon Whiskey kommt aus den Vereinigten Staaten von Amerika und ist ein **Maiswhisky**. Es gibt verschiedene Methoden der Herstellung, die **Sweet Mash Method** und die **Sour Mash Method**. Bei ersterer wird stets frische Hefe verwendet, bei letzterer immer eine im Betrieb weiter vermehrte Hefemaische. Die vergorene Maische stammt aus einer Schüttung, die mindestens zu 51 % und maximal zu 79 % Mais bestehen darf. Die reife Maische wird auf Kolonnen-Anlagen auf 80–85 Vol.-% destilliert. Das Destillat wird vor der Einfüllung in neue, innen angekohlte Eichenholzfässer mit entmineralisiertem Wasser auf ca. 60 Vol.-% verdünnt. Die Lagerzeit beträgt mindestens zwei Jahre. Vor der Abfüllung auf Flaschen wird der Whiskey filtriert und auf unterschiedlichste Art und Weise mit Aktivkohle behandelt, um ihn weich und mild zu machen.

Jim Beam ist eine bekannte Bourbon-Whisky-Marke

STRAIGHT BOURBON WHISKEY

Wird ein Whiskey so bezeichnet, muss er aus einer einzigen Charge einer einzigen Brennerei stammen. Die Lagerzeit der Destillate beträgt mindestens vier Jahre oder mehr.

BLENDED STRAIGHT BOURBON WHISKEY

Dies ist ein Gemisch verschiedener Straight Bourbons einer einzigen Brennerei.

BLENDED AMERICAN WHISKEY

Darunter versteht man einen Verschnitt von Bourbon Whiskey mit hochprozentigem Alkohol (Neutralalkohol).

CORN WHISKEY

Bei diesem Produkt wird 100 % Mais verarbeitet. Dies ist also ein reiner Maiswhiskey, der mit Bourbon Whiskey (mind. 79 % Mais, der Rest ist Gerste, Weizen oder Roggen, davon mind. 10–15 % Malz) nicht vergleichbar ist.

RYE WHISKEY

Hier gelten die gleichen Herstellungsrichtlinien wie bei Bourbon Whiskey, nur ist der Rohstoff eben **Roggen** anstelle von Mais. Geschmacklich ist der Rye Whiskey härter, breiter und lässt, obwohl die Lagerung ebenfalls in angekohlten Eichenholzfässern erfolgt, den Roggencharakter deutlich erkennen.

Ein reiner Mais-Whisky aus Österreich

CANADIAN WHISKY

Der Canadian Whisky ist der jüngste von den vier klassischen Whisky-Ländern. Ähnlich wie in den USA waren es auch hier irische und schottische Einwanderer, die sich in der Nähe der großen Seen niederließen und mit dem Getreide, das sie vorfanden und später dann kultivierten und anbauten, versuchten, ihren Whisky, den sie aus der Heimat kannten, zu erzeugen. Der kanadische Whisky hat nicht nur die Schreibweise von Schottland übernommen, sondern auch die einzelnen Herstellungsmethoden. Man findet das Pot-Still-Verfahren und das Kolonnen-Verfahren bei der Destillation. Es wird Malt Whisky erzeugt, aber auch Rye Whisky und Whisky aus anderen Getreidearten, wie z. B. Mais. Aus Roggen- und Gerstenmalz wird ein gehaltvoller Whisky erzeugt und auf Pot-Still-Anlagen destilliert. Als Gegenstück wird aus Mais auf Kolonnenanlagen ein hochprozentiges, fast geschmacksneutrales Destillat gebrannt, das dann mit dem Pot-Still-Produkt geblendet (= verschnitten) wird. Für viele Blends werden oft bis zu 50 verschiedene Malts verschnitten. Die Lagerung geschieht in neuen Eichenholzfässern, in innen angekohlten Eichenholzfässern, wie bei der Bourbon-Herstellung, oder auch in so genannten Refills, also in bereits mehrfach verwendeten Fässern, die keinerlei Farbe oder Geschmacksstoffe mehr abgeben.

In Kanada ist es erlaubt, andere Spirituosen oder Weine den einzelnen Verschnitten zuzusetzen.

Der wohl wichtigste Unterschied zu allen anderen Whisky-Ländern ist, dass es in Kanada gestattet ist, bis zu **9,09 %** andere, importierte Spirituosen oder Weine den einzelnen Verschnitten zuzusetzen. So dürfen z. B. Rum, Weinbrand, Bourbon, Sherry, Portwein, andere Süßweine etc. verwendet werden.

Der Canadian ist also stets ein Gemisch von verschieden gemaischten, verschieden vergorenen, verschieden destillierten und verschieden gelagerten Whiskys. Das Gemisch erhält dann noch eine **Typage** aus den vorgenannten Spirituosen und Süßweinen. Es resultiert ein Whisky, der sehr leicht im Körper ist, aber nie ohne Aroma.

Der kanadische Whisky ist somit die schillerndste Gestalt unter den klassischen Whisky-Angeboten.

WELCHE KLASSISCHEN WHISKY-LÄNDER GAB ES BISHER?

In der alten Welt **Schottland** und **Irland**, in der neuen Welt **Amerika** und **Kanada**.

Ob die Iren oder Schotten den Whisky erfunden haben, wollen wir ruhig den Historikern überlassen. Die ersten Brenner verwendeten den Rohstoff, der dort wuchs, in der Hauptsache Gerste. Wann das erste Mal aus Gerste Gerstenmalz gemacht wurde, ist ebenfalls nicht genau bekannt. Wer herausfand, dass beim Mälzen Enzyme gebildet werden und daher Malz als Verzuckerungsmittel sehr gut geeignet ist, möge der technologischen Forschung überlassen bleiben. Wann Darrmalz zuerst eingesetzt wurde, ist ebenfalls eine offene Frage. Sehr wahrscheinlich wurde zuerst Grünmalz verwendet. Das Darren oder Trocknen der gekeimten Gerste geschah hauptsächlich deshalb, um das Produkt haltbar zu machen. Man machte ja auch Fleisch und Käse auf diese Weise haltbar (Räuchern, Selchen).

> In Schottland und Irland stand hauptsächlich Torf als Heizmaterial zur Verfügung.

Als Heizmaterial für die ersten Darren stand damals nur Torf zur Verfügung, weshalb anfangs sicher nur Rauchmalz und daraus Rauchwhisky erzeugt wurde. Letzterer diente lediglich dem Eigenbedarf. Torf war damals das Heizmaterial schlechthin und wurde auch zur Beheizung der Häuser mittels offener Kamine verwendet.

Als Wasser wurde das Wasser verwendet, das in nächster Nähe zur Verfügung stand, Quellwasser, Bachwasser, Flusswasser, Seewasser, auf alle Fälle Süßwasser. Ob das Wasser hart oder weich war, ob es aus einer Sumpf- oder Torflandschaft kam, war damals noch nicht wichtig.

Als Aufbewahrungsbehälter der Destillate wurden Holzfässer verwendet. Holz wurde seit Beginn der Zeiten als Lagerbehälter für Bier, Wein, Öl etc. verwendet. Um das jeweilige Produkt haltbar zu machen und seine Lagerstabilität zu verbessern, wurden Bierfässer ausgepicht und Weinfässer ausgeharzt.

All diese Dinge wurden also nicht erfunden, sondern Vorhandenes wurde einfach technisch genützt. Im Laufe der Jahrhunderte wurden alle technischen Neuheiten in die Produktion eingebaut. Viele Weiterentwicklungen wurden adaptiert, neue Werkstoffe wurden eingeführt, neue Technologien zur Optimierung von Prozessen wurden getestet und bei Erfolg beibehalten.

Das gilt bis heute. Natürlich hat man versucht, alte Techniken und Technologien mit einem Mantel des Geheimnisses zu umgeben, um das Produkt zu schützen und seine Besonderheit hervorzuheben. Heute nennt man dies Marketingmaßnahmen.

Wenn man bedenkt, was der Whisky alles erlebt und überlebt hat, so kommt man zu dem Schluss, dass ansonsten negative Erscheinungen, wie z. B. das Auftauchen der Reblaus in Europa, der Erste und Zweite Weltkrieg, die Prohibition in Amerika, Kanada und Skandinavien, die zum Teil drastischen Steuererhöhungen, der irische Freiheitskampf usw., der positiven Entwicklung der Whisky-Produktion nicht geschadet, sondern diese eher noch gefördert haben. Die etablierten Whisky-Länder entwickeln sich weiter und neue Länder werden versuchen, ein Stück des Kuchens abzuschneiden, um einen kleinen Teil des Weltausstoßes zu ergattern.

Wichtig ist es daher, die Endverbraucher so viel und so gut als möglich über das Produkt Whisky zu informieren und aufzuklären, um das Verständnis für diese Materie zu vertiefen und die Freude am Genuss eines guten Tropfens zu festigen.

GIBT ES MITTLERWEILE NEUE WHISKY-LÄNDER IN EUROPA ODER ÜBERHAUPT AUF DER WELT?

Wie bereits ausgeführt, gibt es in Europa und weltweit eine Reihe von Ländern, die sich mit der Herstellung von Whisky beschäftigen. In Europa wird derzeit Whisky in Skandinavien, England, Wales, Frankreich, Tschechien und Polen erzeugt. Dazu kommen die drei Länder in Zentraleuropa, die in diesem Buch behandelt werden, nämlich Deutschland, Österreich und die Schweiz.

In der übrigen Welt sind es vor allem Japan und Indien, die Whisky erzeugen. Aber auch in Australien und Neuseeland werden in einigen Betrieben Malt Whiskys produziert.

DIE GESETZLICHEN GRUNDLAGEN FÜR DIE WHISKYHERSTELLUNG

In Deutschland und Österreich gelten die Herstellungsvorschriften der Europäischen Union.

Deutschland und Österreich sind Mitglieder der **EU**, die Schweiz nicht. Vor Eintritt in die EU hatten die einzelnen Länder ihre eigenen gesetzlichen Regelungen und Begriffsbestimmungen. In Österreich gab es den Codex Alimentarius Austriacus, worin die Herstellung der einzelnen Spirituosenarten beschrieben wurde. Seit dem Beitritt zur EU gelten in diesen beiden Ländern die Herstellungsvorschriften der Europäischen Union. Heute existiert der Begriff „Österreichischer Whisky" nicht mehr, sondern es gilt die letzte Fassung der EU-Verordnung, in der nur mehr der Begriff „Whisky" ohne Länderbezeichnung zulässig ist. Die Herkunft wird mit einer Zusatzbezeichnung angegeben, wie z. B. „österreichisches Erzeugnis".

In Deutschland war der Begriff „Whisky" vor dem EU-Beitritt folgendermaßen definiert:

Whisky ist ein Getreidebranntwein mit dem für eine der bekannten Whisky-Arten charakteristischen Geschmack und Geruch; er wird vorwiegend aus Gersten-, Roggen- und Weizenmalz hergestellt. Der Alkoholgehalt beträgt mindestens 43 Vol.-%.

Die seit dem Beitritt zur EU in Verordnungen etc. geregelten Herstellungsvorschriften wurden bis heute mehrfach geändert. Die geltende EU-Verordnung (EG) Nr. 110/2008 vom 15. Januar 2008 hebt alle vorherigen Verordnungen auf, speziell die EWG-Verordnung Nr. 1567/89.

Whisky oder Whiskey ist eine Spirituose, die ausschließlich wie folgt gewonnen wird:

Durch Destillation einer Maische aus gemälztem Getreide mit oder ohne das volle Korn anderer Getreidearten, die durch die in ihr enthaltenen Malzamylasen mit oder ohne andere natürliche Enzyme verzuckert wird, die mit Hefe vergoren wird, durch eine oder mehrere Destillationen zu weniger als 94,8 Vol.-%, so dass das Destillat das Aroma und den Geschmack der Ausgangsstoffe aufweist. Ferner muss eine mindestens dreijährige Reifung des endgültigen Destillates in Holzfässern mit einem Fassungsvermögen von höchstens 700 Litern erfolgen.

Das endgültige Destillat, dem nur Wasser und einfaches Zuckercouleur zur Einstellung auf Trinkstärke bzw. zur Färbung zugesetzt werden dürfen, bewahrt so die Farbe, das Aroma und den Geschmack, die beim Herstellungsverfahren, wie vorher beschrieben, entstanden sind.

Der Mindestalkoholgehalt von Whisky oder Whiskey beträgt 40 Vol.-%.

Der Zusatz von Alkohol, ob verdünnt oder unverdünnt, ist nicht zulässig.

In diesem Zusammenhang soll auch der **Bierbrand** oder Eau-de-vie de biere erwähnt werden.

Bierbrand ist eine Spirituose, die ausschließlich durch direkte Destillation von frischem Bier bei Normaldruck gewonnen wird. Das Destillat muss weniger als 86 Vol.-% aufweisen und muss auch die sensorischen Eigenschaften von Bier besitzen.

Der Mindestalkoholgehalt von Bierbrand beträgt 38 Vol.-%.

Der Zusatz von Alkohol, verdünnt oder unverdünnt ist nicht zulässig.

Bierbrand darf nicht aromatisiert werden.

Bierbrand ist in der Regel klar und farblos. Laut EU-Verordnung dürfte auch Zuckercouleur zur Färbung eingesetzt werden.

> *Bierbrand wird ausschließlich durch direkte Destillation von frischem Bier gewonnen.*

Wer selbst Whisky gewerblich herstellen will, muss die Verordnung sehr genau lesen, um keine gravierenden Fehler zu machen. Um ein beachtliches Maß an Fachwissen kommt man jedoch trotz Einhaltung der Verordnung nicht herum.

Das erste Alkoholgesetz in der Schweiz stammt aus dem Jahre 1887. Damals wurde primär die Herstellung von Kartoffelschnaps gesetzlich geregelt. 1930 wurde das Gesetz revidiert und auch die Herstellung von Obstbränden zugelassen.

1997 erfolgte eine erneute Revision des Alkoholgesetzes und seit 1999, nach Einführung des Einheitssteuersatzes für Spirituosen aller Art, wurde auch die Herstellung von Spirituosen aus stärkehaltigen Rohstoffen, also aus Kartoffeln und Getreide, gesetzlich wieder zugelassen.

Man begann in der Schweiz unverzüglich mit der Whisky-Herstellung, d. h., zahlreiche Obstbrenner verarbeiteten Kartoffeln, Bier und vor allem vermälztes Getreide, um ein Produkt zu erzeugen, dem sie den Namen **Whisky** gaben. Es waren vor allem Brauereien, die eine Symbiose mit etablierten Brennereien eingingen. Aber auch bisherige Obstbrenner begannen allein und in Eigenregie, Getreidemaischen herzustellen, und brannten daraus ihren Whisky. In der Schweiz werden vornehmlich Malt Whiskys hergestellt. Die Herstellungsmethoden sind weitestgehend mit jenen in Deutschland und Österreich ident.

KLASSISCHE HERSTELLUNGS-METHODEN FÜR WHISKY

Von der Rohstoffseite her betrachtet, gibt es **Malt Whiskys und Rohfruchtwhiskys**, also Whiskys, die aus vermälzter Gerste oder anderen Malzen und Whiskys, die aus unvermälztem Getreide hergestellt werden und die man dann als **Grain Whiskys** bezeichnet. Natürlich spielt die Getreidesorte und die Art des Mälzens ebenfalls eine große Rolle für die Qualität des Rohstoffes. Eine spezielle Art des Darrens, bei welcher die Rauchgase direkt durch das Malz gehen und die Geschmacksstoffe an das Malz abgeben, nennt man **direkte Trocknung.** Wird das Malz dagegen mit in Wärmetauschern erhitzter Luft getrocknet, so spricht man von **indirekter Trocknung.** Bei der direkten Trocknung werden Torf, Koks oder Buchenholzspäne als Heizmaterial verwendet. Das erzeugte **Rauchmalz** ist eine Spezialität. Alle anderen Malze werden indirekt abgedarrt und besitzen kein Raucharoma.

Malt Whiskys werden aus verzuckerter Maische oder aus abgeläuterter Würze hergestellt. Die Herstellungsmethode für letztere nennt man **Würzeverfahren**. Malt Whiskys werden mit Hilfe eines **aufsteigenden Maischverfahrens** (Infusionsverfahren und 1-Maischverfahren) hergestellt. Grain Whiskys werden mit einem **fallenden Maischverfahren** und mit Verwendung von Malz und/oder technischen Enzympräparaten zur Verzuckerung der Rohfruchtstärke hergestellt.

Für die Vergärung werden die verschiedensten **Hefestämme** verwendet, obergärige und untergärige Hefen. Jede Hefe bringt andere Aroma- und Geschmackskomponenten in das Produkt, d. h., bei der Gärung werden in Abhängigkeit von der Gärtemperatur die verschiedensten Gärungsnebenprodukte gebildet. Man spricht auch vom Aromaprofil einer Hefe.

Ein weiteres Kriterium bei der Whisky-Herstellung ist die Destillationsmethode. Als erstes gab es die Destillation mit Brennblasen,

Bei der direkten Trocknung werden die Rauchgase direkt durch das Malz geleitet – das ergibt das Rauchmalz.

Durch verschiedene Hefestämme werden unterschiedliche Aromen und Geschmackskomponenten ins Produkt gebracht.

in welchen ein Rohbrand und ein Feinbrand erzeugt wurde. Dieses Verfahren nennt man überall das **Pot-Still-Verfahren**. Es wird hauptsächlich zur Erzeugung von Malzwhiskys eingesetzt. Erst viel später wurde dann die Destillierkolonne erfunden, die es gestattete, ein Destillat mit viel höheren Alkoholkonzentrationen zu erzeugen. Dies war die Geburtsstunde der Grain Whiskys. Je höher die Alkoholkonzentration eines Destillates ist, umso reiner wird es, d. h., umso weniger Geschmacks- und Aromastoffe wird es enthalten. Alle klassischen Grain Whiskys werden mit dem **Kolonnen-Verfahren** hergestellt. Diese Whiskys werden in der Hauptsache zum Blenden der schweren, aromatischen Malt Whiskys verwendet.

Der alten Tradition folgend, werden auch heute noch die Whisky-Destillate in Fässern aus Holz gelagert. Die Lagerzeiten sind zum Großteil gesetzlich geregelt. In Amerika müssen z. B. die Fässer innen ausgekohlt werden und dürfen nur einmal verwendet werden. In der übrigen Welt besteht keine gleichlautende gesetzliche Regelung. Abhängig von der Alkoholkonzentration des eingefüllten Destillates, von der Art des Holzes, von der Verwendungshäufigkeit der Fässer, von der Lagertemperatur und der Luftfeuchtigkeit des Lagerraumes nimmt das Destillat Geschmacks- und Farbstoffe aus dem Holz auf. Aber in Abhängigkeit von der Porengröße und Porendichte des Holzes atmet das Destillat auch im Fass, d. h., es altert und reift während der Lagerung. Wenn von Atmung, Reifung und Alterung gesprochen wird, so ist also stets Sauerstoff aus der Luft mit im Spiel. Dieser bewirkt eine Oxidation der Inhaltsstoffe, d. h., der Whisky altert, reift und wird runder bzw. milder.

Die Farbe des Whiskys wird heute standardisiert und mit Zuckercouleur auf den stets gleichen Farbton eingestellt. Eine Ausnahme bilden Produkte mit Fassstärke oder sehr langen Lagerzeiten. Hier kann es vorkommen, dass Whiskys mit unterschiedlichem Farbton abgefüllt werden.

ROHSTOFFE

Whisky ist ein Getreidebrand. Man verwendet gemälztes und ungemälztes Getreide.

MALZ

Malz ist gemälztes Getreide, z. B. Gerstenmalz, Weizenmalz, Roggenmalz, Emmermalz, Hafermalz etc.

Die Technologie des Mälzens oder der Mälzerei ist ein eigenes Fachgebiet. Die Berufsbezeichnung eines Bierbrauers lautet eigentlich Brauer und Mälzer, d. h., er muss die Herstellung seines wichtigsten Rohstoffes, nämlich des Malzes, beherrschen. Der Sinn der Mälzerei ist die Aktivierung von Enzymen. Diese Enzyme wandeln

Kastenmälzerei – hier
wird Gerste gekeimt

die Stärke des Getreidekornes während des Maischprozesses in Malzzucker um. Aus diesem Malzzucker können dann im Verlauf der Gärung Äthylalkohol, Kohlendioxid und Gärungsnebenprodukte gebildet werden. Neben den stärkeabbauenden Enzymen (Amylasen)
werden auch eiweißabbauende Enzyme (Proteasen, Proteinasen),
fettabbauende Enzyme (Lipasen), zellstoffabbauende Enzyme (Cy-
tasen, Cellulasen, Hemicellulasen etc.) und weitere Enzyme gebildet.
Der Mälzungsprozess ist also eine ganz entscheidende Vorstufe des
folgenden Maischprozesses. Wer Näheres über das Malzen erfahren
möchte, kann dies im Buch „Whisky selbst gebrannt" nachlesen.

> Durch Enzyme
> wird die Stärke
> des Getreidekorns
> in Malzzucker
> umgewandelt.

ROHFRUCHT

Die **Rohfrucht** bei der Whisky-Herstellung ist ungemälztes Getreide, z.B. Gerste, Weizen, Roggen, Hafer, Hirse, Sorghum, Mais, Reis,
Emmer (Zweikorn), Einkorn, Triticale etc.

Viele dieser Getreidearten werden heute als Sommer- und Win-
tergetreide angebaut. Einige dieser Arten gehören zu den Getreide-
gräsern, die meisten zur Gattung der Süßgräser. Eine Ausnahme stellt
der **Buchweizen** dar, welcher zur Gattung der Knöterichgewächse
gehört.

Wer verschiedene Getreidearten verarbeiten will, sollte sich
nicht nur über die botanische Zugehörigkeit der einzelnen Arten
informieren, sondern auch über die oft sehr unterschiedlichen Ver-
arbeitungsmaßnahmen beim Maischen. Eine genaue Kenntnis der
erforderlichen pH-Werte und der Verkleisterungstemperaturen, Ver-
flüssigungstemperaturen und Verzuckerungstemperaturen ist unerlässlich.

Je nach Farbe der resultierenden Würzen unterscheidet man bei
den Malzen helle Malze und dunkle Malze. Es gibt Pilsener Malze,
Münchner Malze, Karamellmalze, Farbmalze und Röstmalze.

Buchweizen

Malz auf der Darre

Wasser

Torflager bei einer Darre
in einer schottischen
Brennerei

DARREN

Je nach Art der Abdarrung unterscheidet man direkt und indirekt abgedarrte Malze. Bei den direkt abgedarrten Malzen gehen die Rauchgase direkt durch das Malz und geben spezifische Geschmacksstoffe an dieses ab. Diese Malze bezeichnet man als **Rauchmalze**.

Wird die Trocknungsluft mittels Wärmetauscher erwärmt, so geht kein Rauchgas, sondern lediglich warme Luft durch das Malz, um die Trocknung zu vollziehen. Alle Malze, die indirekt getrocknet werden, sind die so genannten **Braumalze** und stellen fast 100 % der hergestellten Malze dar. **Rauchmalze** werden nur mehr für spezielle Whisky-Brennereien hergestellt und für ganz wenige Brauereien, die ein Rauchbier erzeugen. Visuell kann Rauchmalz von Braumalz nicht unterschieden werden, lediglich durch **Geruch** und **Geschmack**.

> Eine optische Unterscheidung zwischen Rohfrucht und dem daraus hergestellten Malz ist für einen Laien nur schwer möglich.

Im folgenden Bildteil finden Sie die häufigsten Rohfruchtarten und die häufigsten Malze, die zur Whisky-Erzeugung verwendet werden.

WASSER

Wasser ist der zweitwichtigste Rohstoff. Wir benötigen Rohwasser als Maischwasser und eventuell als Anschwänzwasser (= wird nach dem Ablaufen der **Vorderwürze** verwendet, um die noch im Malz vorhandenen Extraktstoffe herauszulösen) im Sudhaus sowie aufbereitetes Wasser, also entmineralisiertes Wasser, zum **Einstellen auf Trinkstärke**. Das Rohwasser sollte weich sein, d. h., Härtegrade unter 5 °dH aufweisen. Das entmineralisierte Wasser sollte 0 °dH besitzen.

HEFE

Hefe ist der dritte Rohstoff. Es gibt obergärige und untergärige Hefen. Die Hefen können in Form von Presshefe, pulverisierter Hefe, granulierter Hefe, lyophilisierter (= gefriergetrockneter) Hefe und als flüssige Reinzuchthefe verwendet werden. Jede Hefe benötigt eine spezielle Zusammensetzung der Maische, ein spezielles Gärschema und verleiht der „reifen Maische" ein spezielles Bukett.

HILFSSTOFFE

Es gibt mehrere Hilfsstoffe, die für Aroma und Geschmack eines Whiskys verantwortlich sind. Dies ist in erster Linie der **Torf** oder **Buchenholzspäne** bei der Herstellung von Rauchmalz für Rauchmalzwhiskys. In einigen Fällen wird neben Torf als Heizmaterial auch Koks oder Kohle verwendet.

ROHFRUCHT UND DAZUGEHÖRIGES MALZ

GERSTE

ROGGEN

WEIZEN

DINKEL

HAFER

MAIS

In zweiter Linie sind es die **Lagerfässer** bzw. die verschiedenen Hölzer und Holzbehandlungsarten, welche den einzelnen Whiskys ein sehr spezifisches Bukett und einen ausgeprägten Geschmack verleihen können.

Weiters wird in vielen Fällen **Zuckercouleur** zur Standardisierung einer einmal gewählten Getränkefarbe zugesetzt.

Darüber hinaus wird z. B. bei Bourbon Whiskey **Aktivkohle** zur Erreichung eines weichen und milden Geschmackes eingesetzt.

Beim Canadian-Whisky sind **Typagen** zur Einstellung eines aromatischen und spezifischen Geschmackes erlaubt, z. B. Weinbrand, Rum, Süßweine etc.

> Typagen sind Zusätze, um ein bestimmtes Aroma zu erzielen.

In vielen Brennereien werden **Filter** und **Filterhilfsmittel** sowie Kühlgeräte zur Erreichung einer ganz klaren Produktqualität verwendet. Auf diese Weise wird auch jeglicher Bodensatz in der abgefüllten Flasche verhindert.

Schließlich soll noch das entmineralisierte **Wasser** zur Einstellung auf Trinkstärke erwähnt werden.

Zur Verzuckerung der Rohfruchtstärke bei Grain Whiskys verwenden viele Brennereien entweder Gerstenmalz oder zusätzlich **Technische Enzympräparate**. Es handelt sich dabei um Alpha-Amylasen und Alpha-Glucosidasen, die eine einwandfreie Verflüssigung und Verzuckerung der Rohfruchtstärke sicherstellen.

WAS IST TORF?

Torf ist ein organisches Sediment, das man z. B. in Hochmooren findet und je nach Alter aus zersetzten Heidekrautgewächsen, Moosen, Farnen, Binsen, Gräsern usw. besteht. Hochmoore sind Tausende von Jahren alt. Nach Abholzung der Wälder entstanden Viehweiden, Sümpfe und Moore. Diese trockneten aus und es bildete sich eine oft mehrere Meter dicke Torfschicht. Torf ist die Vorstufe der Kohlebildung, besitzt einen geringen Heizwert, wird aber, da er billig ist, immer noch zu Heizzwecken verwendet. Die nächste Stufe von Torf wäre Braunkohle, welche im Tagbau gewonnen wird. Die wesentlich härtere Form ist die Steinkohle, die in größeren Tiefen abgebaut wird und deren Gewinnung wesentlich schwieriger und teurer ist als jene der Braunkohle.

> Torf wird oft noch als Heizmaterial verwendet.

Da das einzige preiswerte Heizmaterial in Irland und Schottland zur damaligen Zeit Torf war, wurde dieses nicht nur zu Heizzwecken in den Häusern, sondern auch zum Trocknen des Gerstenmalzes verwendet. Wie schon erwähnt, war das erste bekannte Malz daher

Rauchmalz und der daraus hergestellte Whisky eben ein Rauchwhisky.

Da diese Länder viele Heidemoore besitzen, ist der dortige Torf zum Teil sehr aromatisch. In Schottland sind z. B. drei Heidekrautarten heimisch: die *Erica tetralix*, die *Erica cinerea* und die *Calluna vulgaris*. Man vermutet, dass beim Darren Heidekrautaromen vom Malz aufgenommen werden. Auch glauben viele Schotten, dass, da das Quellwasser oder Bachwasser oft durch Heidemoore fließt, die Heidekrautaromen vom Wasser aufgenommen werden und dann später beim Mälzen und beim Maischen an Malz und Maische abgegeben werden. Manche Whiskys haben in der Tat ein sehr blumiges Aroma, das an Heide, Farn, aber auch leicht an Rosen und Moose erinnert.

Mit Hilfe der modernen Analytik (GCMS, HPLC etc.) wäre es nicht schwer, den Nachweis zu erbringen, ob Aromen von Torf und Wasser über das Malz und die Maische wirklich in den Whisky gelangen.

Das wichtigste Aroma der Rauchwhiskys stammt natürlich von den Rauchgasen, die durch das Malz streichen. Es sind dies **Phenole**, die diesen Rauchgeschmack vermitteln. Heute kann sogar der Phenolwert relativ genau eingestellt werden. 1-5 ppm Phenole im Malz bezeichnet man als „**leicht getorft**", 10-20 ppm als „**mittel getorft**" und 30-60 ppm als „**stark rauchige Variante**". Es sind sogar Bestrebungen im Gange, die 100-200 ppm Phenole im Malz vorsehen. Diese Whiskys werden reinsortig wahrscheinlich nur von Liebhabern getrunken und hauptsächlich zum Blenden verwendet werden.

Da Torf zum Teil sehr aromatisch ist, werden diese Aromen beim Darren vom Malz aufgenommen.

„Stark rauchige" Whisky werden nur von Liebhabern getrunken.

Ein Hochmoor mit reichlich Heidekrautvegetation

TECHNOLOGIEN IN DEN KLASSISCHEN ERZEUGERLÄNDERN

Es wird entweder das Pot-Still-Verfahren für Malt-Whiskys und das Kolonnen-Verfahren für Grain Whiskys zur Destillation eingesetzt. Beim Maischen bedient man sich meist des Infusionsverfahrens bei der Herstellung des Malt Whiskys und des absteigenden Maischverfahrens bei der Erzeugung von Grain Whiskys. Eine Variante bei der Herstellung von Malt-Whiskys ist das Würze-Verfahren. Für die einzelnen Whisky-Typen werden verschiedene Hefen eingesetzt. Auch die Gärtemperaturen und die Gärdauer können schwanken. Die Lagerung erfolgt in Holzfässern aus verschiedenem Holz, die Lagerdauer beträgt mindestens drei Jahre, wobei nach oben hin keine Grenzen gesetzt sind. Auch die Lagertemperatur, die Luftfeuchtigkeit im Lagerraum und die Luftzirkulation im Lagerraum schwanken sehr stark. Der Einfluss des Klimas spielt ebenfalls eine Rolle.

Die Wasserqualität und die Zusammensetzung der Malzmischungen bzw. der Rohfruchtmischungen beeinflussen mit Sicherheit auch die Produkte.

Hinzu kommt jeweils die technische Einrichtung einer Brennerei. Jeder Betrieb, auch wenn er wie viele andere ebenfalls einen Malt-Whisky herstellt, arbeitet anders als vergleichbare Brennereien. Jede Betriebseinrichtung ergibt ein anderes Geschmacksprofil des Endproduktes. Daher ist es auch unmöglich, einen Whisky zu imitieren.

Jeder Betrieb arbeitet anders als vergleichbare Brennereien.

Pot-Still-Anlage
(Destilierblasen)

WELCHE ROLLE SPIELT DAS MATERIAL DER LAGERGEFÄSSE WIRKLICH?

Wie bereits ausgeführt, spielen das Holz und die Vorbehandlung sowie das Vorleben des Holzes eine ganz gravierende Rolle bei der Herstellung eines Whiskys.

Das Holz oder die Lagerung des Destillates in Holzfässern ist eine Wissenschaft und man sollte mit viel Vorsicht und stets mit begleitender Verkostung jede Lagerung beginnen. Jedes Holz verhält sich anders und gibt positive, aber leider auch negative Geschmackskomponenten an das Destillat ab.

Holz ist nicht gleich Holz. Das Wichtigste, worauf man achten sollte, ist, dass der Holzton nicht dominierend wird und den malzigen oder fruchtigen Charakter eines Whiskys völlig überdeckt. Der Holzton sollte unterstützend und begleitend das Aromaprofil eines Whiskys umrahmen, aber nie übertönen. Er soll vielmehr ein zarter Rahmen sein, der das eigentliche Bild (Malt oder Grain Whisky) nicht erdrückt, sondern harmonisch unterstützt.

> Der Holzton soll das Aromaprofil eines Whiskys umrahmen, aber nie übertönen.

WAS IST HOLZ?

Nun werden Sie sagen: Das weiß doch jeder! Der Laie kennt Brennholz, Abfallholz, Bauholz, Hartholz und Weichholz. Neben den Nutzhölzern gibt es auch Edelhölzer (Ebenholz, Mahagoni, Teak, Palisander etc.) und Fournier-Hölzer zur Herstellung edler Möbel.

Im Rahmen der Whisky-Herstellung wird seit Beginn ebenfalls Holz verwendet und zwar zur Lagerung der Destillate. Anfangs nahm man das Holz, das in der Gegend verfügbar war.

In Frankreich verwendet man das Holz der **Limousin-Eiche** und der **Allier-Eiche** zur Lagerung der Weindestillate, in Spanien das Holz der spanischen **Stieleiche**. Da es in Irland und Schottland kaum mehr Wälder im eigentlichen Sinn gab, musste das Holz für die Whisky-Lagerung importiert werden oder es wurden ganze Fässer aus Frankreich, Portugal oder Spanien eingekauft. In Amerika wurde seit jeher das Holz der amerikanischen **Weiß-Eiche** zur Fassherstellung verwendet.

Da sich nur wenige Eichensorten zur Fassherstellung eignen, haben sich in Amerika eben die amerikanische Weiß-Eiche (*Quercus alba*) und in Europa die europäische Stieleiche (*Quercus robur*) durchgesetzt. Letztere unterscheidet sich von der amerikanischen Holzqualität hauptsächlich dadurch, dass das Holz poröser und grobporiger ist und der Whisky schneller reift als im Holz der amerikanischen Weiß-Eiche. Der Tannin-Gehalt des Holzes verleiht den Destillaten nussige und fruchtige Noten.

In Europa werden die Fässer oft unbehandelt und neu eingesetzt. Eine neue Art der Behandlung ist das **Toasting**. Hierbei wird durch

> Nur wenige Eichensorten eignen sich zur Fassherstellung.

Dämpfen das Holz ausgelaugt, um unerwünschte Geschmacksstoffe zu entfernen. Der Einsatz neuer und unbehandelter Fässer ist äußerst riskant, da meist keine sensorische Kontrolle während der Lagerzeit erfolgt und das Destillat einfach eingefüllt und drei Jahre im Fass belassen wird. Daher haben viele Whiskys einen harten dominierenden Holzgeschmack, der die erwarteten Malz- oder Rohfruchtaromen brutal überlagert, von der dunklen Farbe, die das Destillat erhält, gar nicht zu reden.

In Amerika ist die Holzlobby sehr stark und hat seit vielen Jahren durchgesetzt, dass ein Holzfass zur Lagerung von Bourbon Whiskey nur **einmal** verwendet werden darf. Daher entwickelte sich ein reger Verkauf gebrauchter Bourbon-Fässer nach Europa. Eine weitere Eigenschaft der amerikanischen Eichenfässer ist, dass sie vor dem Einsatz innen ausgebrannt bzw. angekohlt werden. Dadurch werden unerwünschte Holzaromen eliminiert, der Holzzucker karamellisiert und ein Vanilleton entsteht, wodurch der amerikanische Bourbon Whiskey ganz andere Geschmacksnuancen bekommt, als der europäische.

Der Sinn der Lagerung in Holzfässern war früher auch die Gewinnung von Farbe, was natürlich bei zu langer Lagerung gewisse sensorische Gefahren in sich barg. Heute dürfen und werden die meisten Whiskys mit Zuckercouleur farblich standardisiert. Die Fasslagerung hat nicht nur traditionelle und historische Hintergründe, sondern man benutzt die Fähigkeit des Holzes, mit Hilfe der Poren zu atmen

> In Amerika darf ein Fass zur Lagerung von Bourbon Whisky nur einmal verwendet werden.

Toasten eines Fasses
(Foto Fassbinderei Eiletz)

und einen Sauerstoffzutritt zum Fassinhalt zu ermöglichen. Dadurch altert der Whisky: Er oxidiert und reift, er wird rund und verliert seine Schärfe. Durch diese Atmung verdunstet natürlich nicht nur ein Teil des Alkohols, sondern auch ein Teil der Flüssigkeitsmenge. Die Schotten nennen diesen Verlust: **„Anteil der Engel"**.

Da heute vermehrt Sherry-, Portwein- oder gebrauchte Bourbon-Fässer zur Lagerung verwendet werden, benutzt man die Möglichkeit, dem Whisky etwas vom Aroma der Erstfüllung mitzugeben und so seinen Geschmack zu verändern.

Dies gelingt natürlich meist nur bei der ersten Einfüllung von Destillat in das frisch entleerte Süßweinfass. Bei weiteren Füllungen lässt die Geschmacksübertragung immer mehr nach, so dass nur mehr der eigentliche Sinn der Fasslagerung, nämlich die Reifung und Alterung des Destillates, erfolgt.

Die Fassherstellung ist eine eigene Wissenschaft, der Beruf des Fassbinders, Küfers, Böttchers oder Schäfflers ist ein Lehrberuf, der aber vom Aussterben bedroht ist. Es gibt kaum mehr Nachwuchs. In Schottland existiert nur mehr eine einzige Fassbinderei, in Amerika findet man natürlich mehrere. Dort haben viele Brennereien eine eigene Fassbinderei, die nicht nur neue Fässer herstellt, sondern auch Reparaturen durchführt.

Bei mehrmaliger Füllung von Fässern lässt die Geschmacksübertragung immer mehr nach.

Barrique-Fässer eignen sich gut für die Lagerung

WOHER BEZIEHT DER WHISKY FARBE, GERUCH, GESCHMACK UND BUKETT?

In erster Linie ist für Geruch und Geschmack der Rohstoff verantwortlich, **Malz** oder **Rohfrucht-Getreide**, aber auch die Intensität des Maischverfahrens und die Wasserqualität.

Der nächste wichtige Faktor ist die verwendete **Hefe**, verbunden mit der Gärdauer und den Gärtemperaturen.

> Ein weiterer Schwerpunkt ist die Art der **Destillation: Pot-Still oder Kolonne. Hier werden zusätzlich zu den bei der Gärung entstandenen Gärungsnebenprodukten und Aromastoffen weitere gebildet. Entscheidend für den Gehalt an Aromastoffen ist auch die Alkoholkonzentration des Destillates. Je mehr Alkohol, umso weniger Aromastoffe und umgekehrt.**

Den letzten Akzent der Aromabildung bildet die Lagerung im Holzfass.

Den letzten Akzent für die Aromabildung bildet die Dauer der Lagerung in Holzfässern, wobei die **Art** des **Holzes**, das **Vorleben** des **Holzes** und die **Vorbehandlung** des **Holzes** eine **entscheidende Rolle** spielen. Hier werden die meisten Fehler gemacht. Ein sensorisch durchaus ansprechendes Destillat kann durch falsche Lagerparameter leicht zerstört werden.

Die Farbe erhält der Whisky zum Teil aus dem Fass, zum Teil wird diese durch Zusatz von Zuckercouleur eingestellt.

WAS UNTERSCHEIDET DEN KLASSISCHEN WHISKY AUS SCHOTTLAND, IRLAND, AMERIKA UND KANADA VON DEM NEUEN EUROPÄISCHEN FESTLAND-WHISKY?

Die klassischen Whisky-Länder erzeugen ihren Whisky oder Whiskey immer noch nach traditionellen, aber modernisierten Verfahren.

Die neuen Whisky-Länder, wie sie in diesem Buch behandelt werden, haben ganz andere Hintergründe. Einmal sind es Brauer, die eine Marktlücke witterten und als Ergänzung zum hergestellten Bier einen Bierbrand und neuerdings eben Whisky herstellen oder herstellen lassen. Die Bierbrauerei und die Whisky-Brennerei haben ja zu Beginn des Prozesses viele Parallelen.

Eine andere Gruppe sind die vielen landwirtschaftlichen Brenner, die bislang Obst und, soweit sie ein Kornbrennrecht besaßen, Kornbranntwein erzeugten und nun an der Whisky-Welle partizipieren wollen. Gerade die Obstbrenner hatten es schwer, da die Technologie der Obstbrennerei grundlegend anders ist als die Technologie der Getreidebrennerei. Hier war also ein großes Umdenken vonnöten.

Die Technologie der Obstbrenner ist grundlegend anders als die der Getreidebrenner.

Ein weiterer Unterschied ist die Größe der Brennanlagen. Während unsere heimischen mitteleuropäischen Brennblasen einen Inhalt von 100 bis maximal 600–1.000 Liter aufweisen, besitzen die Brennblasen in den klassischen Ländern einen Inhalt von bis zu 10.000

Litern. Unsere heimischen Brenngeräte sind fast immer Blasenanlagen, die zur Rohbrand- und Feinbrandherstellung gebaut wurden. Manche haben einen Dephlegmator, einige einen seitlich angebrachten oder darüberstehenden Verstärkerteil mit drei bis fünf Verstärkerböden. Einige wenige haben sich eine Destillierkolonne angeschafft, die eine Feinbrandherstellung in einem Arbeitsgang ermöglicht, d. h., der Feinbrand wird direkt aus der Maische erzeugt und man erspart sich die Erzeugung eines separaten Rohbrandes. Die Arbeitsweise mit einer derartigen Verstärkerkolonne ist nicht so einfach. Man braucht viel Fingerspitzengefühl und Erfahrung.

Einfache Brennanlage,
Fa. Carl

- Die Brenngeräte unserer heimischen Brenner sind also nicht nur wesentlich kleiner, sondern ganz anders konstruiert als jene der klassischen Whisky-Erzeuger.
- Für Brauer ist es einfacher, da sie das Rohprodukt, die Würze selbst, herstellen können und dazu besser eingerichtet sind als die landwirtschaftlichen Brenner.
- Die erforderlichen Reinigungs- und Desinfektionsarbeiten sollen nicht unerwähnt bleiben, da ansonsten mikrobiologische Kontaminationen unvermeidlich sind.
- Die Wasseraufbereitung ist, speziell bei hartem Wasser, für viele nicht einfach.
- Die Beschaffung richtiger Malze und Hefen stellt eine weitere Schwierigkeit dar.
- Letztlich soll noch an die zum Teil teure Beschaffung entsprechender Lagerfässer für die Destillate erinnert werden. Da zum Großteil nur kleine Mengen erzeugt werden, bleibt nicht viel Raum für umfangreiche Lagerversuche.

Trotz vieler und großer Unterschiede in der Einrichtung und zum Teil beachtlicher Schwierigkeiten bei der Beschaffung der Rohstoffe und Hefen ist es vielen Brennern gelungen, ein Produkt zu erzeugen, das die Bezeichnung **Whisky** berechtigt tragen darf und durchaus neben den berühmten Klassikern bestehen kann.

> Trotz aller Schwierigkeiten ist es vielen Brennern gelungen, einen „Whisky" zu erzeugen.

WEITERE FRAGEN ZUM WHISKY

IST ES SINNVOLL, DEM WHISKY WASSER ODER EISWÜRFEL VOR DEM TRINKEN HINZUZUFÜGEN?

Die Zugabe von Wasser ist eine Philosophie. Hierüber kann man diskutieren. Eiswürfel im Whisky sind auf jeden Fall eine Unsitte, die wie so vieles aus den Vereinigten Staaten kommt und nicht unbedingt nachgeahmt werden muss. Die Zugabe von Wasser bewirkt auf jeden Fall eine Verdünnung der ursprünglichen Konzentration. Dies muss jeder für sich selbst entscheiden. Ebenso, ob man stilles Wasser oder

Sodawasser zugibt. Es gibt Leute, die nur wenige Tropfen ins Glas geben, und andere, die 1:1 mit Wasser verdünnen. Auf alle Fälle soll sich durch die Wasserzugabe die Temperatur des Whiskys nicht verändern, da sonst ein anderes Geruchs- und Geschmackserlebnis resultiert.

> Joe E. Lewis sagte einmal: **Wenn mich jemand fragt, ob ich Wasser zu meinem Scotch möchte, antworte ich, dass ich durstig bin und nicht schmutzig.**

In der Regel muss Whisky nicht verdünnt werden.

In der Regel müssen Whiskys mit einer Trinkstärke von 40 bis 43 Vol.-% nicht verdünnt werden. Bei Produkten mit Fassstärke (Cask Strength), die eine Alkoholkonzentration von 50 bis 65 Vol.-% aufweisen, empfiehlt sich eine Verdünnung nach eigenem Ermessen. Jeder soll dies machen, wie er es für sich am besten findet.

WIE IST DIE OPTIMALE TRINKTEMPERATUR FÜR WHISKY

Whisky ist ein Edelbranntwein, der handwarm bzw. bei Zimmertemperatur getrunken werden soll. Unter Zimmertemperatur versteht man etwa 12-18 °C (im Mittel 15 °C) und nicht 25-30 °C, wie viele Leute meinen. Der Begriff „Zimmertemperatur" stammt von den mittelalterlichen Klöstern, in welchen es nachgewiesenermaßen nicht allzu warm war. Die Unsitte, alles eiskalt zu trinken, stammt aus Amerika und sollte für Edelbrände auf keinen Fall angewendet werden, da sich viele Aromastoffe bei zu kalten Temperaturen nicht entfalten können und man sich selbst oder seine Gäste um ein positives Geschmackserlebnis bringt, vorausgesetzt natürlich, man hat eine gute Qualität eingeschenkt.

GIBT ES EIN OPTIMALES TRINKGLAS FÜR WHISKY?

Zur Trinkkultur gehört auch ein passendes Trinkglas. Neben der richtigen Trinktemperatur ist zur Erfahrung eines vollkommenen Geruchs- und Geschmackserlebnisses auch ein passendes Glas von großer Wichtigkeit. Das berühmte „Stamperl" ist dafür nicht geeignet. Man sollte für Edelbrände ein so genanntes Kaminglas oder Nose-Glas verwenden, das nicht nur eine ausreichende Aromaentwicklung gestattet, sondern auch ein optimales Geruchs- und Geschmackserlebnis ermöglicht. Derartige Gläser sind heute in jedem gut sortierten Haushaltswaren-Geschäft erhältlich.

Man sollte für Edelbrände ein Nose-Glas verwenden.

Whisky-Gläser sollen, wie alle Kostgläser, rein und sauber sein, frei von Spülmittelresten, frei von Fusseln und, wenn die Möglichkeit besteht, mit einer kleinen Glasplatte abzudecken sein, um ein Entweichen von Aromastoffen zwischen Einschenken (¼ voll) und Kostbeginn zu verhindern. Es gibt auch Kostgläser mit Glasdeckel.

WANN OFFENBART WHISKY SEIN SENSORISCHES POTENTIAL NACH DEM EINSCHENKEN IN EIN GEEIGNETES GLAS?

Es gibt Whiskys, die sofort nach dem Einschenken ihr volles Aroma und Bukett präsentieren, und wieder andere, die längere oder sogar lange Zeit brauchen, bis sie sich öffnen und die charakteristische Blume und ihre Eigenheiten preisgeben. Dies hängt primär mit der Lagerdauer zusammen, ist aber auch vom Rohstoff und dem Gärverfahren abhängig. Sie werden oft feststellen, dass ein Whisky sofort nach dem Einschenken anders riecht und schmeckt als nach 20-30 Minuten. Es gibt Whiskys, die nach drei Jahren Lagerzeit bereits ihr volles Potential erreichen, und wieder andere, die wirklich eine längere Lagerzeit benötigen, bis sie das zeigen, was in ihnen steckt. Malt Whiskys verhalten sich oft anders als Blended Whiskys oder gar Grain Whiskys aus Rohfrucht. Interessant ist auch der Riechtest am leeren Glas, nachdem der Whisky ausgetrunken wurde. Wie lange haftet das Aroma noch im leeren Glas? Verschwindet es sofort oder ist es noch nach Stunden feststellbar? Selbständige Forschungsarbeit ist vonnöten, diverse Whiskys zu überprüfen und Ihr persönliches Wissen zu erweitern. Durch die Leerglas-Probe können auch einzelne Fraktionen des Aromas erkannt werden.

Sammeln Sie Ihre eigenen Eindrücke und notieren Sie Ihre Empfindungen. Je tiefer Sie in die Materie eindringen, umso mehr steigt Ihr Interesse und umso mehr Freude werden Sie am Thema „Whisky" haben.

> Oft schmeckt und riecht Whisky sofort nach dem Einschenken anders als nach 20 Minuten.

EINFLUSS VON ROHSTOFFEN, HILFSSTOFFEN, KLIMA, VERFAHRENSTECHNIK, BRENNANLAGEN UND LAGERPARAMETER

Diese oft gestellte Frage, die in vielen Fällen zu langen Diskussionen führte, lässt sich eigentlich ganz einfach beantworten: Obwohl überall Whisky erzeugt wird, spielt jeder einzelne Parameter eine ganz spezifische Rolle. Das Zusammenspiel aller Faktoren ergibt einen ganz spezifischen Geschmack. Daher ist es kaum möglich, einen Whisky zu kopieren, auch wenn dieselben Rohstoffe, dasselbe Wasser und dasselbe Verfahren angewendet werden. Ein typisches Beispiel sind die Japaner, die z. B. sogar die Destillieranlagen maßstabsgetreu nachgebaut haben. Es ist in keinem Fall gelungen, einen ganz speziellen schottischen Whisky nachzuahmen.

Jeder Whisky ist daher ein Unikat und sollte auch als solches betrachtet werden.

> Einen speziellen schottischen Whisky nachzuahmen ist noch nie gelungen.

KANN KLASSISCHER WHISKY IMITIERT WERDEN ODER MUSS MAN NEUE WHISKYS ALS VÖLLIG EIGENSTÄNDIGE PRODUKTE ANSEHEN?

Eine Imitation klassischer Whiskys ist – wie bereits ausgeführt – schlichtweg unmöglich, da so viele Eigenheiten in jedem Betrieb vorhanden sind, welche eine Nachahmung ausschließen.

Jeder „neue" Whisky ist daher als eigenständig zu betrachten und zu beurteilen, obwohl versucht wurde, gewisse Eigenheiten der Klassiker in der Produktion anzuwenden. Der Endverbraucher wird natürlich neue Produkte mit den Klassikern vergleichen. Produkte können einem Klassiker ähnlich sein, aber nie ident. Wasser, Rohstoffe, Maischen und Gären, Maisch- und Destillieranlagen, Lagerart und Lagerbedingungen, Klima etc. sind in jedem Land und in jedem Betrieb unterschiedlich.

Nehmen Sie also jeden Whisky als das, was er laut Etikett sein soll, und bilden sich Ihre eigene Meinung. Schulen Sie Ihren Geruchs- und Geschmackssinn mit bekannten Klassikern und versuchen Sie, zuerst zu beurteilen, ob der „Neue" rein und sauber schmeckt und riecht oder ob irgendeine Substanz störend vorschmeckt oder riecht. Versuchen Sie mit Ihrem eigenen Vokabular die sensorischen Eindrücke zu beschreiben und notieren Sie diese auch. Das ist wichtig, denn dann können Sie bei einer späteren Verkostung feststellen, ob sich der Ersteindruck bestätigt oder ob Veränderungen feststellbar sind.

Ganz wichtig ist auch, dass Sie sofort nach dem Einschenken verkosten und das Glas nicht eine Zeitlang stehen lassen, bevor Sie mit der Verkostung beginnen.

> **WICHTIG** Bereits angebrochene Flaschen vor dem Einschenken kippen und gut durchmischen, damit die in den Leerraum ausgedampften Bukettstoffe wieder ins Getränk gelangen. Nach dem Einschenken in ein sauberes passendes Probeglas (Nose-Glas) den Glasinhalt kräftig schwenken und **sofort** riechen.

> Versuchen Sie die sensorischen Eindrücke mit Ihrem eigenen Vokabular zu beschreiben.

Die Geruchseindrücke sofort notieren. Dann nehmen Sie einen kleinen Schluck, benetzen Zunge und Mundhöhle und versuchen die Eindrücke des **Antrunks** (AT) zu erfassen und gleich zu notieren. Nun schlucken Sie die Probe und versuchen Sie die Eindrücke des **Haupttrunkes** (HT) und des **Nachtrunkes** (NT) zu erfassen und zu beschreiben. Notieren Sie auch diese Feststellungen. Führen Sie die Verkostung derselben Flasche zu verschiedenen Tageszeiten durch und versuchen Sie auch festzustellen, ob und wie sich die Probe einige Zeit nach dem Einschenken verhält und welche Veränderungen Sie dabei bemerken können.

VERBALE BEURTEILUNG & BESCHREIBUNG DER SINNENEINDRÜCKE

Um Ihnen die verbale Beschreibung von geruchlichen und ge-schmacklichen Sinneseindrücken zu erleichtern, werden nachstehend einige Beispiele angeführt.

WHISKY-GERUCH

Malzig	Braumalz, Malzzucker, Würze, Vorderwürze, ungehopfte Würze etc.
Süßlich	Karamellartig, Honig, Butter, Kakao, Schoko-lade etc.
Nussig	Mandel, Walnuss, Haselnuss, Paranuss, Macadamianuss etc.
Frischobst	Orange, Zitrone, Grapefruit, Melone, Himbeere, Brombeere, Erdbeere, Kirsche, Zwetschge, Marille, Apfel, Birne etc.
Dörrobst	Getrocknete Pflaumen, Feigen, Rosinen etc.
Blumig	Rosen, Veilchen, Orangenblüten etc.
Getreideartig	Gerste, Weizen, Roggen, Hafer, Mais etc.
Gewürzartig	Pfeffer, Muskat, Neugewürz (= Piment), Anis, Fenchel, Vanille etc.
Holzig	Eiche, Zeder, Kastanie, allgemeiner Holz-geruch, Fass-Geruch etc.
Rauchig	Holzrauch, phenolisch, verbrannt, Farbmalz, Toastbrot, Kaffee, torfig etc.
Erdig	Staub, Schimmel, schwammig, korkig etc.
Krautartig	Grasig, Spargel, Heu, Stroh, Grüner oder Schwarzer Tee, Tabak, olivenartig, minzartig, bohnenartig, dillartig etc.
Mikrobiologisch	Hefe, Essigsäure, Milchsäure, Buttersäure, Harn, schweißig etc.
Chemisch	Papier, Filterschichten, Kartons, Benzin, Plastik, Schwefel etc.
Alkohol	Scharf, stechend, alkoholisch, brennend, pfeffrig, etc.
Vorlauf	Acetaldehyd, Klebstoff (= Äthylacetat) etc.
Nachlauf	Höhere Alkohole, Fuselöle, seifig etc.
Metallisch	Stammt von Metallberührung, ist kalt, hart, unpersönlich und oft unangenehm
Scharf	Scharfe Pfeffernote, beißend, reizt zum Niesen
Leicht	Schwaches, aber feines Aroma, ausgewogenes Bukett
Schwer	Stark ausgeprägtes Aroma und Bukett, für Liebhaber
Weich	Keine alkoholische Note und Schärfe

WHISKY-GESCHMACK

Der Geschmack ist meist eine Zusammensetzung vieler einzelner Eindrücke. Daher ist die genaue Beschreibung ebenso schwierig. Dies gilt natürlich genauso für den Geruch.

Der Geschmack wird primär über Zunge und Gaumen wahrgenommen und sekundär durch die retronasalen Eindrücke, die in der Mundhöhle ein weiteres Geschmackserlebnis ermöglichen.

In der Hauptsache sind es **ALKOHOL**, **ZUCKER** und **SÄURE**, die deutlich wahrgenommen werden können. Diese Stoffe sind im Produkt in ganz unterschiedlichen Mengen, von welchen Quellen auch immer stammend, enthalten.

Äußere Einflüsse, wie **RAUCH** oder **HOLZ,** überlagern in vielen Fällen die produkteigenen Geschmacksstoffe.

> Holz und Rauch überlagern in vielen Fällen die produkteigenen Geschmacksstoffe.

ALKOHOL wird normalerweise nicht in den Vordergrund treten. Folglich ist das Produkt rein und sauber.

Ist ALKOHOL deutlich schmeckbar, ist das Produkt in der Regel aromaschwach und es sind Zuckerstoffe oder Säuren erkennbar.

Wenn ALKOHOL ganz dominant vorschmeckt, also direkt stechend wahrgenommen wird, ist das Produkt sehr jung oder es wurde mit hochprozentigem Alkohol gestreckt. Die vorgeschriebene Mindestlagerzeit von drei Jahren ist dann oft nicht gegeben.

ZUCKER darf zur Behandlung von Fertigprodukten nicht verwendet werden. Ist eine Süße feststellbar, so stammt sie in der Regel von der Fasslagerung und nicht vom Zuckerzusatz. Ist eine Süße nicht feststellbar, so ist das Produkt erstens naturbelassen und zweitens in Fässern gelagert worden, die keine Süße abgegeben haben. Ist nur eine ganz geringe Süße feststellbar, so ist das Produkt meist weich und rund. Eine malzige Süße stammt vom Rohstoff. Unangenehme Süßen, die bis zur Klebrigkeit gehen können, stammen aus einer falschen und zu langen Lagerung in Süßweinfässern oder von einer unerlaubten Aufzuckerung.

Die **SÄURE** sollte nicht feststellbar sein. Schmeckt Essigsäure, Milchsäure oder gar Buttersäure vor, ist das Produkt verdorben.

Sind **HOLZ** und **RAUCH** dezent und schmeckt das Produkt trotzdem rau, stechend, breit und unharmonisch, so ist die Ware jung und nicht ausgereift (Alkoholschärfe).

> Schmeckt das Produkt rau, stechend und unharmonisch, so ist die Ware noch nicht ausgereift.

Ist das Produkt weich, mild und aromatisch, so ist die vorgeschriebene Lagerzeit eingehalten worden, das richtige Lagermaterial verwendet worden, die Lagerung sensorisch überwacht worden und bei der Produktion kein gravierender Fehler passiert.

Es gibt auch Produkte, die überaltert sind. Dies zeigt sich in einem stark oxidierten, bereits estrigen Geschmack. Nicht jeder Whisky verträgt eine zu lange Lagerzeit. Darum ist bei Jahrgangswhiskys, für die eine längere Lagerzeit vorgesehen ist, eine sensorische Überwachung äußerst wichtig.

MALZWHISKY muss deutlich als Malt erkennbar sein. **GRAIN WHISKY** sollte fruchtig schmecken und auf alle Fälle die verwendete Rohfrucht erkennen lassen.

Bei längerer Lagerzeit ist eine sensorische Überwachung äußerst wichtig.

„Stilechte" Brennerei
(Foto „Spreewälder Feinbrand- & Spirituosenfabrik")

DEFINITION DER BEGRIFFE VERKOSTUNG, DEGUSTATION, ORGANOLEPTIK & SENSORIK

VERKOSTUNG, DEGUSTATION

Für die Sinnenprüfung werden die verschiedensten Bezeichnungen gebraucht. Kost, Verkostung oder Kostprobe sind sehr allgemeine Benennungen für einen Vorgang, den Sensoriker und Organoleptiker durchführen. Beide führen die Beurteilung einer Probe mit den Sinnen durch, wobei sich die Vorgehensweise der Sensoriker und der Organoleptiker jedoch deutlich unterscheiden.

ORGANOLEPTIK

Der Organoleptiker erfasst den Eindruck mit den Sinnen, erfühlt die Eindrücke, vermischt Qualitätsbeurteilungen mit Beliebtheitsaussagen, lässt seine sensorischen Fähigkeiten meist nicht überprüfen, kommuniziert während des Tests mit anderen Kostern und hat meist keine umfassende Kenntnis von der Materie, die er beurteilen soll.

SENSORIK

Der Sensoriker misst mit den Sinnen, bedient sich exakter Methoden, wertet die Prüfergebnisse statistisch aus, absolviert Schulungskurse und Eignungstests, lässt seine sensorischen Fähigkeiten in regelmäßigen Abständen überprüfen und hat wirkliche Fachkennnis von der Materie, die er beurteilen soll.

Der Sensoriker soll die vier Grundgeschmacksarten im Schwellenbereich und in normaler Konzentration sicher unterscheiden können.

Ebenso sollten die beim Maischen, Gären, Destillieren und Lagern auftretenden Geruchs- und Geschmacksnuancen sicher erkannt und eindeutig zugeordnet werden können.

Die einzelnen Zonen auf der Zunge und im Gaumen mit unterschiedlicher Geschmackswahrnehmung sollten beherrscht werden. Dasselbe gilt für die Geruchswahrnehmung mit Hilfe der Nase. Die *Regio olfaktoria*, also die Zone der Geruchswahrnehmung, befindet sich in der Nasenhöhle und im Rachenraum. Auch hier muss laufend geübt und geschult werden.

Die Tageszeit der Verkostung spielt eine große Rolle. Es ergeben sich auch andere Geschmackseindrücke, ob man vor oder nach dem Essen verkostet. Testen Sie selbst, welche Art von Whisky Ihnen vor oder nach gewissen Aktivitäten am besten zusagt.

Um mit der Zeit zu gehen, bedient man sich heute kaum mehr der deutschen Sprache und bezeichnet die Verkostung oder sensorische Prüfung als **Whisky-Tasting**. Egal, welche Sprache man wählt, wichtig ist, man versteht etwas von der Materie und weiß, wovon man spricht!

> Die Sensorik muss laufend geübt und geschult werden.

Zum Verkosten benötigt man ein Nose-Glas. (Foto „Brennerei Käsers Schloss")

WHISKY-ANSPRACHE

Jedes Getränk, wie Wasser, Wein, Obstbranntwein, Fruchtsaft, Bier etc., hat seine eigene **„Ansprache"**, d. h., man versucht die bei der Verkostung aufgefallenen Sinneseindrücke hinsichtlich Farbe, Klarheit, Geruch und Geschmack (Antrunk, Haupttrunk und Nachtrunk) in allgemein verständliche, nachvollziehbare Worte zu fassen.

Wein hat bezüglich „Ansprache" eine gewisse Vorreiterrolle erreicht. Andere Branchen versuchen dies nachzuahmen. Leider sind die meisten Interpretationen der Geruchs- und Geschmackseindrücke für viele Personen nicht nachvollziehbar.

Ansprache heißt, die aufgefallenen Sinneseindrücke in nachvollziebare Worte zu fassen.

FARBE

Die Farbe kann von einem nahezu farblosen Gelbbraun bis zu Bernsteinbraun oder gar tiefem Dunkelbraun schwanken. Das hängt davon ab, wie lange in welchem Fass der Whisky gelagert wurde. Kleinere Brennereien bringen durchaus Whiskys mit unterschiedlichen Farbtönen auf den Markt, wogegen Großbetriebe die Farbe mit Hilfe von Zuckercouleur standardisieren.

Jedes Destillat ist farblos und gelangt farblos in das Lagerfass. Je nach den Lagerbedingungen nimmt der Whisky mehr oder weniger Farbe auf. Die Gefahr dabei ist, dass neben Farbstoffen auch Holz-Inhaltsstoffe in das Destillat übergehen können, die sich negativ auswirken und den Eigengeschmack des Destillates übertönen und verdecken können. Das soll nicht sein.

Ein Verkostungsraum mit „Atmosphäre".
(Foto „Destillerie Weidenauer")

KLARHEIT

Eine gewisse Klarheit des Whiskys soll auch ohne Filtration und Kühlung gegeben sein. Von der Fasslagerung können kleine Partikel in die Abfüllung gelangen. Dies ist aber relativ selten. Großbetriebe filtrieren den Whisky stets vor der Abfüllung, um immer klare Produkte in die Flasche zu bekommen. Zur Einstellung auf Trinkstärke soll stets Weichwasser verwendet werden, da hartes, kalkreiches Wasser Trübungen in der Trinkware verursachen kann.

> Zur Einstellung der Trinkstärke sollte stets Weichwasser verwendet werden.

Normalerweise kann man allein mit dem Auge **nicht** auf den Alkoholgehalt einer Spirituose schließen. Bei Fassware mit Alkoholgehalten über 55 Vol.-% können beim Einschenken kleine Bläschen beobachtet werden, die für den Fachmann einen gewissen Rückschluss auf den Alkoholgehalt gestatten. Die Tiroler nennen diese Bläschen die **„Krallelen"**. Normale Trinkware mit 40-43 Vol.-% zeigt kaum Bläschenbildung beim Einschenken.

GERUCH

Der Geruch ist von Leuten, die selbst brennen und mit dem Geruch der Rohstoffe und Zwischenprodukte (süße und reife Maischen, Vorlauf, Mittellauf, Nachlauf) vertraut sind, leichter zuzuordnen, als für Laien, die eine Flasche aufmachen, den Inhalt in ein Glas einschenken und dann plötzlich eine fachlich fundierte Beurteilung abgeben sollen. Es wird daher empfohlen, eine Brennerei zu besuchen und sich über die verschiedenen „Gerüche" zu informieren, damit man weiß, wovon man spricht und die Eindrücke richtig zuordnen kann. Ohne ein gewisses Basiswissen muss man sich mit trivialen, kaum nachvollziehbaren Äußerungen für die Beurteilung zufriedengeben.

> Die Geruchsprobe ist die wichtigste Probe vor der Verkostung.

Die Geruchsprobe ist die wichtigste Probe vor der Verkostung mittels Zunge und Gaumen. Sie verrät einem erfahrenen Verkoster bereits viel über den Herstellungsprozess und das Vorleben der Spirituose.

Ganz wichtig sind zwei Fragen zu Beginn des Riechens:

1. Ist die Probe **rein** oder **unrein**, ist ein **Fremdgeruch** feststellbar oder nicht?
2. Ist die Probe **typisch** oder **atypisch**?

Die Beantwortung beider Fragen ist oft schon entscheidend für die Beurteilung einer Probe. Ist keine Typizität feststellbar oder wird diese durch einen übermäßigen Rauchgeruch oder Holzgeruch überlagert bzw. verdeckt, **so ist die Probe nicht typisch.**

Wichtig ist es, sofort nach dem Einschenken in das Probeglas die Geruchsprobe vorzunehmen.

Junge, kurz gelagerte Destillate riechen oft scharf und stechend. Diese Schärfe stammt vom Äthylalkohol. Gut und lange gelagerte Produkte riechen rund, weich und mild.

Riecht eine Probe übermäßig nach Rauch oder Phenol, so wurde zu viel Rauchmalz verwendet.

Riecht eine Probe stark nach Holz, so wurde zu lange oder im falschen Holz gelagert.

Riecht eine Probe nach Essig, Milchsäure oder Buttersäure, so handelt es sich um einen Maischefehler, genauer gesagt, um eine mikrobiologische Kontamination der Maische. Da diese Stoffwechselprodukte flüchtig sind, gelangen sie ins Destillat, wo sie dann unangenehm auffallen.

Riecht eine Probe deutlich nach Acetaldehyd und Äthylacetat, so handelt es sich um einen Vorlauffehler.

Riecht eine Probe nach Fusel, Fuselölen etc., so handelt es sich um einen Nachlauffehler.

Wenn Sie eine Brennerei besuchen, lassen Sie sich Vorlauf und Nachlauf zeigen. Riechen Sie daran und prägen Sie sich diese Geruchskomponenten ein.

Riecht eine Probe nach Chemie oder gar nach Chlor, so sind Fehler bei der Reinigung und Desinfektion der Geräte und Behälter aufgetreten.

Es können auch Gerüche von Gewürzen, Kräutern, Zitrusfrüchten, Schokolade, Vanille, Nüssen, Blumen, Nougat, Honig, Bonbons etc. im Hintergrund wahrgenommen werden. Es ist schwierig, diese Nuancen wahrzunehmen und genau zu interpretieren. Diese stammen teils von der Fasslagerung, teils von der Esterbildung bei verschiedenen Prozessen während der Produktion. Versuchen Sie trotzdem, alle Eindrücke, die Sie zu erkennen glauben, schriftlich festzuhalten: schwache Raucheindrücke, schwache Holzaromen, genauso wie Spuren von Süßweinen und dergleichen mehr.

> Nuancen von Gewürzen, Kräutern, Vanille etc. sind oft schwierig wahrzunehmen und zu interpretieren.

Geschmack

Die Geschmacksprobe gliedert sich in drei Stufen:

- **Antrunk**
- **Haupttrunk**
- **Nachtrunk**

Jede dieser drei Phasen kann zur Beurteilung wertvolle Hinweise liefern. Gehen wir schrittweise vor. Sie gießen eine Probe ins Glas, riechen und nehmen dann einen kleinen Schluck und verteilen ihn in der Mundhöhle.

Zuerst nehmen Sie Eindrücke auf der Zunge und am Gaumen wahr. Das ist die erste Wahrnehmung beim **Antrunk**. Notieren Sie diese Eindrücke. Dann schlucken Sie die Probe und beobachten, wie die retronasalen Eindrücke, d. h. die über die hinteren Nasenwege zurückkehrenden Geschmackseindrücke, gemeinsam oder hintereinander auftreten. Hier können nun Kräuter, Gewürze, Schokolade,

> Geschmackseindrücke nehmen Sie zuerst auf der Zunge und am Gaumen wahr.

Honig, Vanille, Nüsse etc. wahrgenommen werden. Notieren Sie diese Eindrücke ebenfalls. Versuchen Sie nun, die Ergebnisse der ersten und zweiten Wahrnehmung zu addieren. So können Sie sich ein Urteil über den Gesamtgeschmack bilden und das Bukett eines Whiskys beurteilen.

Notieren Sie immer nur die ersten Eindrücke!

Rauch und Holz werden Sie sofort wahrnehmen, die feineren und filigraneren Aromen tauchen erst im retronasalen Bereich auf. Die Aussage, ob ein Produkt rein oder unrein, typisch oder atypisch ist, können Sie jedoch bereits beim Antrunk treffen.

Im **Haupttrunk** merken Sie die Intensität einer Probe, schwach oder kräftig. Sie schmecken, ob ein Gesamtaroma spürbar ist oder nur einzelne Teile desselben. Der Haupttrunk gibt Ihnen auch eine eindeutige Auskunft, ob es sich um einen Malt Whisky oder einen Grain Whisky handelt.

Der Haupttrunk gibt Ihnen Auskunft, ob es sich um einen Malt Whisky oder Grain Whisky handelt.

Der Haupttrunk sollte im Mundraum, speziell am Gaumen, haften und auch als so genannter Nachtrunk oder Abgang noch erhalten bleiben.

Der Haupttrunk sollte nicht kratzen oder gar im Hals unangenehm auffallen.

Der **Nachtrunk,** oder auch **Abgang** genannt, sagt Ihnen, wie lange ein Whisky nach dem Schlucken noch nachschmeckt. Ein langer Abgang deutet auf kräftige typische Produkte hin, ein kurzer Abgang ist meist bei sehr trockenen oder jungen, frischen Erzeugnissen gegeben.

Der Abgang soll durch einen typischen Produktgeschmack geprägt sein und nicht durch einen aufdringlichen Rauchton oder brutalen Holzton.

Die meisten Whiskys haben einen längeren Abgang, es gibt aber auch einige, die man noch nach einigen Stunden sensorisch bemerken kann.

BEISPIELE
MALT WHISKY

Nase: rein, typisch, malzig-süßlich, würzeartig (Sudhauswürze, z. B. Vorderwürze)

Zunge/Gaumen: rein, typisch, keine Fehler erkennbar, dezenter Holzton, ganz schwacher Rauchton

Retronasaler Eindruck: leichtes Nussaroma, etwas nach Schokolade, angenehme Sherrynote

Gesamtbeurteilung: reines, sauberes Produkt mit typischen Merkmalen, harmonisch im Antrunk und Nachtrunk

Grain Whisky

Nase: unrein, maischig, mastig, nicht frisch, Gärfehler
Zunge/Gaumen: unrein, nicht typisch sauber, starker Holzton
Retronasaler Eindruck: breites Maischearoma, kaum Typizität erkennbar
Gesamtbeurteilung: unreines, atypisches Produkt mit nicht oder nur kaum erkennbarem Rohfruchtaroma, keine Sortenzuteilung möglich, starker Fasslagerfehler

Für die sensorische Beurteilung wird in der Regel ein einfaches 5-Punkte-Schema verwendet. Darin werden Farbe, Klarheit, Geruch und Geschmack beurteilt. Die maximal erreichbare Punktezahl ist 20.

Die Bewertung erfolgt folgendermaßen:

5 Punkte	Hervorragende Eigenschaften
4 Punkte	Gute Eigenschaften
3 Punkte	Leichte Fehler
2 Punkte	Deutliche Fehler
1 Punkt	Starke Fehler

Bei einiger Übung können Sie nach diesem Schema jeden Whisky in einer für Sie selbst und auch für andere verständlichen Form beurteilen.

Nach dieser Grundbeurteilung mittels des Punkteschemas können Sie versuchen, Ihre Geruchs- und Geschmackseindrücke verbal zu beschreiben. Benutzen Sie dazu das angegebene Vokabular und versuchen Sie dieses für sich selbst zu erweitern.

Zum besseren Verständnis des Bewertungsschemas sollen die einzelnen Ausdrücke nochmals präzisiert werden:

Aussehen

Beim Aussehen werden Klarheit der Probe und eventuell Bodensatzbildung beurteilt. Die meisten Proben sind klar und werden in der Fachsprache als **„blank"** bezeichnet. Ist kein Bodensatz in der Flasche sichtbar, so steht in der Beurteilung **„Kein Bodensatz"**.

Großbetriebe filtrieren in der Regel alle Produkte vor der Flaschenfüllung. Viele kühlen die Produkte vor der Filtration noch auf Temperaturen unter null, um späterer Bodensatzbildung in der Flasche vorzubeugen.

Als „blank" bezeichnet man in der Fachsprache einen „klaren" Whisky.

Farbe

Die Farbe kann von einem hellen Gelb bis zu einem tiefen Dunkelbraun schwanken und ist von den Gegebenheiten einer Fasslagerung abhängig: neue Holzfässer oder alte, bereits mehrfach gebrauchte

Eine dunkle
Farbe darf nicht
mit einem
starken Holzton
einhergehen.

Holzfässer, behandelte oder unbehandelte Fässer, Art des Holzes und vieles mehr spielen eine große Rolle. Wichtig ist, dass eine dunkle Farbe nicht mit einem starken Holzton einhergeht. Eine begleitende Verkostung während der Lagerzeit verhindert einen zu starken, dominierenden Holzton.

Großbetriebe stellen die Farbe mittels Zuckercouleur ein. Dies ermöglicht eine stets gleiche Färbung des Produktes.

GERUCH

Beim Geruch steht oft **„rein"** und **„sauber"** sowie **„kein Fremdgeruch"**.

Rein bedeutet frei von Rohstoff-, Maische- und Gärfehlern.

Rohstofffehler können sein: muffiger Geruch, Schimmelgeruch, dumpfer Geruch, fauliger Geruch, sonstiger Fremdgeruch nach Chemikalien, Heizöl etc.

Maischefehler können sein: Fehler bei der Verzuckerungsarbeit, falsche Temperaturen, mangelhafte Verzuckerung, fehlende pH-Einstellung etc. Eine mangelhafte Verzuckerung ohne Durchführung einer Jodprobe kann Geruch nach Stärke (Amylose und Amylopektin), nach Stärkeabbauprodukten, z. B. Dextrinen, bedingen etc.

Ein Gärfehler kann durch zu wenig Hefegabe, falsche Gärtemperaturen, unerwünschte Gärungsnebenprodukte, unterbrochene Gärung, Kahmhefen, Schimmelbildung etc. entstehen.

Sauber bedeutet frei von Destillationsfehlern, d. h. richtige Vorlaufabtrennung und richtige Nachlaufabtrennung.

Kein Fremdgeruch bedeutet frei von unerwünschten mikrobiologisch bedingten Gärungsnebenprodukten, wie z. B. Essigsäure, Milchsäure, Buttersäure, Acetoin, Alpha-Acetolactat, Diacetyl etc.

Das über den Geruch Gesagte gilt natürlich auch für die Geschmacksbeurteilung.

TYPISCH

Ein Whisky kann als typisch bezeichnet werden, wenn im Geruch und Geschmack der Typ, also **malzig** oder **würzig** bei Malt Whiskys und **fruchtig** bei Grain Whiskys, sofort erkennbar ist. Unter würzig versteht man in diesem Zusammenhang den Geruch nach Brauereiwürze, z. B. nach Vorderwürze.

Als „fruchtig"
bezeichnet man
Whisky, bei
welchem Geruch
und Geschmack des
jeweiligen Getreides
sofort erkannt
werden können.

Die Bezeichnung **„fruchtig"** soll zum Ausdruck bringen, dass Geruch und Geschmack eines Getreides, z. B. Gerste, Hafer, Weizen, Roggen, Mais, Hirse etc., von Nase und Gaumen sofort erkannt werden können.

Dies setzt natürlich eine gewisse Schulung und Fachkenntnis voraus. Letztere kann man sich durchaus aneignen.

Holzton, holzige Note, holziger Abgang stammt immer von der Lagerung in Holzfässern. Es soll an dieser Stelle nochmals wiederholt werden, dass der Lagerung in Holzgebinden ein sehr hoher Stellenwert zukommt. Ein Holzton sollte jedoch generell nie die spezifischen Geruchs- und Geschmacksnoten eines Destillats überdecken oder gar dominieren. Eine dezente Holznote ist Teil eines technologischen Prozesses und soll das Aromaprofil eines Whiskys quasi einrahmen, aber nicht beherrschen oder gar erdrücken. Nichtsdestotrotz gibt es auch Liebhaber, die stark holzbetonte Whiskys lieben und bevorzugen.

Ähnliches gilt für den Rauchton eines Whiskys. Der Rauchton stammt von der Verwendung direkt getrockneten Malzes. Es gibt Whiskys mit ganz zartem Rauchton bis hin zu ganz intensivem Rauchgeschmack. Beispiele sind Produkte von der Insel Islay oder von Campbeltown. Es gibt auch in Franken Biere, die so genannten Rauchbiere, welche einen zum Teil sehr starken Rauchgeschmack aufweisen. Whiskys und Biere mit dieser Geruchs- und Geschmacksnote haben sicherlich ihre Liebhaber.

BESPRECHUNG EINZELNER WHISKYERZEUGER

Die Betriebe sind in zufälliger Reihenfolge angeführt.
Diese hat somit keine Aussagekraft über die Qualität der Produkte.

SPREEWÄLDER FEINBRAND & SPIRITUOSENFABRIK

Spreewälder Feinbrand & Spirituosenfabrik

Deutschland
Brandenburg
D-15910 Schlepzig
Dorfstraße 53
T: +49-35472-6620
F: +49-35472-473
www.spreewaldhotel.com
spreewaldbrauerei@t-online.de

Ansprechpartner
Dr. Römer, Brau- und
Brennmeister

GESCHICHTE UND BETRIEBSBESCHREIBUNG

Der Landgasthof „Zum grünen Strand der Spree" wurde vor ca. 18 Jahren von Dr. Torsten Römer und seiner Gattin Anja erworben und seither zügig ausgebaut und erweitert. 1997 begann man in der „Spreewälder Privatbrauerei 1788", Bier zu brauen. 2003/04 wurde eine Verschlussbrennerei dazu erworben und in der „Spreewälder Feinbrand & Spirituosenfabrik" begonnen, Obstbrände und nach reiflicher Überlegung auch **Whisky** zu erzeugen. Ende 2004 wurde der erste **Malt Whisky Brand** erzeugt, 2008 dann auch der erste Rum gebrannt. Weitere Projekte waren die Errichtung einer Brennerei-Passage, einer Brennscheune, eines Brennstalles und eines neuen Brennhauses. Die Beendigung der Neu- und Zubauten war bis Anfang 2011 geplant.

Es wird destilliert also nur ein einziger **Single Malt Whisky** erzeugt. Abgefüllt wird in zwei Versionen: In Fassstärke mit ca. 62 Vol.-% und als kältefiltrierte Variante mit 40 Vol.-%.

Der Whisky nennt sich **SLOUPISTI WHISKY**.

Sloupisti ist die alte **wendische** Bezeichnung für den Ort **Schlepzig**.

Die Abfüllungen erfolgen in 0,5- und 0,7-l-Flaschen.

TECHNOLOGIE

Als Einmaischwasser wird aufbereitetes Trinkwasser der Gegend verwendet. Die Gerstenmalze stammen aus Brandenburg und Sachsen. Die Einmaischtemperatur liegt bei 55 °C, verzuckert wird bei 62 und 72 °C. Nach dem Abläutern wird die Würze auf 20 °C abgekühlt und mit obergäriger Hefe angestellt. Die Hefegabe beträgt etwa 600 g dickbreiige Hefe pro hl Würze. Die Hauptgärung dauert rund 72 bis 96 Stunden. Nach beendeter Gärung wird das Jungbier zur Destillationsanlage gepumpt.

Der künftige Whisky wird also nach dem **Würzeverfahren** erzeugt.

Destilliert wird mit einer Kolonnenanlage. Die Kolonne ist aus Kupfer gefertigt und besitzt drei Verstärkerböden, von welchen zwei eingeschaltet werden. Der Blaseninhalt beträgt 120 Liter. Es ist geplant, eine größere Anlage mit 650 Litern Blaseninhalt anzuschaffen. Die gegenwärtige Mittellaufkonzentration liegt bei 68-73 Vol.-%. Als Lagerbehälter für das Destillat stehen verschiedene Materialien zur Verfügung:

Edelstahl und Holzfässer. Die Lagerzeit beträgt insgesamt mindestens drei Jahre. Die Holzfässer sind aus Weißeiche gefertigt und sind vorher mindestens dreimal mit Wein (Sylvaner und Sauternes) belegt worden. Es werden also keine neuen Holzfässer verwendet. Wie lange genau das Destillat in den Holzfässern gelagert wird, ist Betriebsgeheimnis.

Der in Fassstärke abgefüllte Whisky wird nicht filtriert und zeigt, speziell bei kalter Lagerung der Flaschen im Kühlschrank, eine ganz leichte Opaleszenz. Die zweite Variante, welche auf eine Trinkstärke von 40 Vol.–% eingestellt wird, ist blank, da das Produkt vor der Füllung gekühlt und filtriert wird.

SLOUPISTI MALT WHISKY NR.1 (62,2 VOL.-%)

Farbe	Mittelbraun
Klarheit	Blank, kein Bodensatz
Geruch	Typisch, rein, sauber, kein Fremdgeruch, leicht malzig

Geschmack Typisch, rein, sauber, leicht malzig, kein Fremdgeschmack

Gesamtbeurteilung

Typisches, sauberes Produkt ohne störende Fremdeinflüsse.
Ein Produkt mit deutlichem Malzcharakter; deutliche Holznote im AT, die durch malzige Weichheit im NT sehr schön ausgeglichen wird.

Verbale Beurteilung *(Team „Kochen & Küche")*

Deutliche Süße mit einer gewissen Würze mit Aromen von Kakao und leichten Karamelltönen

Getreidebrennerei Schraml

Deutschland
Bayern/Oberpfalz
D-92681 Erbendorf
Kaiserberg 16
T: +49-9682-18369-0
F: +49-9682-18369-30
www.brennerei-schraml.de
martin.schraml@steinwald.de

Ansprechpartner
Martin Schraml

STEINWÄLDER HAUSBRENNEREI SCHRAML

GESCHICHTE UND BETRIEBSBESCHREIBUNG

Die Steinwälder Hausbrennerei Schraml ist ein Familienunternehmen und wird bereits in der sechsten Generation betrieben. Sie befindet sich im Naturpark Steinwald und lässt sich bis in das Jahr 1818 zurückverfolgen. Die Oberpfälzer Brennerei liegt in Erbendorf und bezeichnet sich selbst als eine der ältesten noch aktiven Brennereien Deutschlands. Das Stammhaus der Familie Schraml liegt am Kaiserberg 16. Dort sind auch der Brennereiladen und der Verkaufsshop. Die Brennerei selbst befindet sich seit 1978 in der alten Probstei Erbendorf, einem früheren Kloster und Pfarrhof mit reicher Geschichte.

Als Gründer des Betriebes wird Johann Baptist Schraml genannt, der am Russland-Feldzug von Napoleon teilnahm und 1813 als einer der wenigen in seine bayerische Heimat zurückkehrte. Er heiratete 1817 und übernahm 1818 das Anwesen am Kaiserberg. Der Hof besaß ein königlich-bayerisches Brenn- und Braurecht. Seit dieser Zeit werden dort Obst- und Getreidebrände erzeugt. Die Brauerei wurde ebenfalls lange betrieben. Man erzeugte dort das unfiltrierte Bier, das so genannte Zoiglbier.

Die jeweiligen Nachfolger von J. B. Schraml waren alle sehr innovativ und machten nach dem Ersten und Zweiten Weltkrieg viele Höhen und Tiefen durch, bis der heutige Besitzer Alois Schraml den Betrieb inklusive der angeschlossenen Landwirtschaft zu dem machte, was er heute ist. Die letzte Investition war eine neue Destillieranlage im Jahre 1992.

Neben zahlreichen Obstbränden, Geisten und Likören erzeugt Schraml auch einen Bierbrand und seit den Anfängen des Betriebes auch einen Getreidebrand, der heute eben Whisky genannt wird. Das Produkt nennt sich Stonewood 1818, Bavarian Single Grain Whisky.

TECHNOLOGIE

Bezüglich technischer und technologischer Details hüllt sich die Familie Schraml in absolutes Schweigen. Es wurden weder Auskünfte über den Rohstoff, das Maischverfahren und die Gärung gegeben noch über Details der Destillation und der Lagerung der Getreidedestillate.

Die Schüttung beim Einmaischen besteht aus einem Gemisch verschiedener selbsterzeugter Getreidesorten. Als Verzuckerungsmittel wird Gerstendarrmalz eingesetzt. Die verwendete Hefe wird ebenso wenig deklariert wie das praktizierte Gärschema. Destilliert wird die reife Maische nach dem Pot-Still-Verfahren. Es werden also in zwei Arbeitsgängen Rohbrand und Feinbrand erzeugt.

Die Lagerung erfolgt zehn Jahre in Holzfässern aus heimischer Eiche. Das Fertigprodukt wird mit entmineralisiertem Wasser auf eine Trinkstärke von 45 Vol.-% eingestellt.

Wer nähere Auskünfte und Details zur Erzeugung des Whiskys erfahren will, muss die Brennerei Schraml selbst besuchen und im Rahmen einer Führung versuchen, Fachfragen zu stellen. Es wird immer wieder betont, dass der Stonewood Whisky ein völlig eigenständiges Produkt sei, das seit über 100 Jahren stets nach der gleichen Methode hergestellt werde.

Stonewood 1818, Bavarian Single Grain-Whisky

(45 Vol.-%, 2000)

Farbe	Gelbbraun
Klarheit	Blank, kein Bodensatz
Geruch	Typisch, rein, sauber, kein Fremdgeruch, frisch, fruchtig
Geschmack	Typisch, rein, sauber, kein Fremdgeschmack, fruchtig, angenehmer Getreideton im AT, leichter Holzton im NT, ausgeglichenes Bukett

Gesamtbeurteilung

Ein typischer fruchtiger Getreidewhisky aus einer Mischung verschiedener Rohfruchtarten, rund und ausgeglichen.
Dieser Grain Whisky ist typisch und unterscheidet sich deutlich vom Typ eines Malzwhiskys. Seine fruchtige Frische ist anregend. Er ist ein sehr gutes Beispiel für Whiskys seiner Gattung.

Verbale Beurteilung *(Team „Kochen & Küche")*

Ein Whisky mit typischer Note, leicht rauchigem Charakter und angenehmer Milde

Abendstimmung im Naturpark Steinwald (links)
Brennkessel der Brennerei Schraml (rechts)

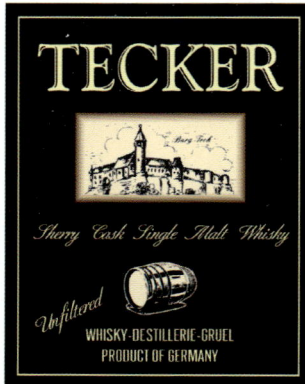

Whisky-Destillerie Gruel

Deutschland
Baden-Württemberg
D-73277 Owen-Teck
Neue Straße 26
T: +49-7021-59985
F: +49-7021-862668
info@tecker.eu
whisky gustavgruel@gmx.de

Ansprechpartner
Christian Gruel

WHISKY-BRENNEREI GRUEL

GESCHICHTE UND BETRIEBSBESCHREIBUNG

Christian Gruel besaß einen Landwirtschaftsbetrieb und eine Obstbrennerei. Von einer Schottlandreise zurückgekehrt, entschloss er sich relativ rasch, seine Landwirtschaft aufzugeben, die meisten Flächen zu verpachten und den Landwirtschaftsbetrieb in eine Whisky-Brennerei umzuwandeln. Vorher war im Hause Gruel, wie in 32 Brennereien im Ort auch, Obst gebrannt worden. In Owen, am Fuße der Burg Teck, also mitten in der Schwäbischen Alb, entstand eine Whisky-Brennerei, in der seit 1991 Destillate heranreifen.

Gruel nennt sein Produkt **„Schwäbischer Whisky"**.

Bislang sind drei Produkte auf dem Markt:
Swabian Single Grain Whisky-Tecker
aged 3 years, 40 Vol.-%
Swabian Single Grain Whisky-Tecker
aged 12 years, 40 Vol.-%
Sherry Cask Single Grain Whisky
Connoisseurs Vintage 1998, 46,6 Vol.-%, Single Cask

Nach seinen Schottlandreisen baute Christian Gruel einen modernen Brennereibetrieb auf, wobei Qualität stets vor Quantität steht und sein Motto lautet: *Ein Brenner muss Geduld haben. Gut Whisky braucht Weile.*

TECHNOLOGIE

Als Rohstoff dient ausschließlich schwäbischer **Weizen** aus der eigenen Landwirtschaft. Das Maischverfahren und die Rohfruchtzerkleinerung werden nicht bekannt gegeben. Die Verzuckerung und Verflüssigung der Rohfruchtstärke erfolgen mittels Gerstenmalz. Heferasse und Vergärungsparameter werden ebenfalls geheim gehalten. Für die Destillation steht eine Wasserbadbrennerei mit Rohbrandblase und seitlich angebrachter Kolonne zur Verfügung. Destilliert wird nach dem Pot-Still-Verfahren. Nach der Destillation wird das hochprozentige Destillat in Holzfässer zur Lagerung gefüllt.

Die Lagerung ist das Hauptmerkmal von Gruels Erzeugnissen. Seine Devise ist: Holz ist nicht gleich Holz. Er weiß, dass die schwäbische Eiche ein sehr hartes Holz ist, ein dichtes, enges Porenbild hat und Destillate nur langsam reifen lässt.

Die amerikanischen Bourbon-Fässer aus Weiß-Eiche sind viel groß-
poriger, ermöglichen regeren Luftaustausch und fördern eine rasche-
re Alterung des Produktes.

Ein frisch entleertes Oloroso-Sherry-Fass ist ein großer Schatz.
Hiermit kann dem Destillat ein Aromatouch verliehen werden, der
einzigartig und spezifisch ist. Die Kombination, Auswahl und Lagerdauer in den einzelnen Hölzern ist also ein wesentliches Kriterium
für den Typ der einzelnen Whiskys.

Die Einstellung auf Trinkstärke erfolgt mit entmineralisiertem
Wasser. Es gibt aber auch Produkte, die in Fassstärke abgefüllt werden.
Die Lagerdauer der einzelnen Destillate geht von 3 bis 15 Jahren.

SWABIAN SINGLE GRAIN WHISKY-TECKER (40 VOL.-%, 3 JAHRE ALT)

Farbe	Dunkelgelb
Klarheit	Blank, kein Bodensatz
Geruch	Typisch, rein, sauber, kein Fremdgeruch, fruchtig, jung
Geschmack	Typisch, rein, sauber, kein Fremdgeschmack, leichte Alko-holschärfe im AT

Gesamtbeurteilung

Sauberes typisches Produkt seiner Kategorie, dem noch etwas Lagerzeit
fehlt. Ein schöner Grain, der noch weiter ausbaufähig ist und sein sensorisches Potential noch nicht erreicht hat.

Verbale Beurteilung *(Team „Kochen & Küche")*

Ein vollmundiger Whisky mit eleganter Vanillenote

In solchen Bourbonfässern
lagert Herr Gruel seinen
Whisky.

SWABIAN SINGLE GRAIN WHISKY-TECKER (40 VOL.-%, 12 JAHRE ALT)

Farbe	Gelbbraun
Klarheit	Blank, kein Bodensatz
Geruch	Typisch, rein, sauber, kein Fremdgeruch, fruchtig, leichte Holznote spürbar
Geschmack	Typisch, rein, sauber, kein Fremdgeschmack, fruchtig, rund, ausgewogen, leichter Holzton im NT spürbar

Gesamtbeurteilung

Ein ausgeglichener runder Grain, der trotz der langen Lagerzeit seine Fruchtigkeit nicht verloren hat.

Ein gutes Beispiel dafür, dass auch Grain Whiskys eine gewisse Lagerzeit benötigen, um ihr sensorisches Potential zu erreichen. Eine dezente Holznote rundet das Ganze ab. Die Holznote ist von vielen Faktoren abhängig und muss durch eine sensorische Begleitung zum richtigen Zeitpunkt fixiert werden.

Verbale Beurteilung *(Team „Kochen & Küche")*

Der Ausbau im Bourbon-Fass verleiht diesem Whisky seine elegante Vanillenote.

SWABIAN WHISKY, SHERRY CASK SINGLE GRAIN WHISKY

(46,6 VOL.-%, CONNOISSEURS VINTAGE 1998)

Farbe	Gelbbraun
Klarheit	Blank, kein Bodensatz
Geruch	Typisch, rein, sauber, kein Fremdgeruch, leicht süßliche Sherrynote
Geschmack	Typisch, rein, sauber, kein Fremdgeschmack, leichte Süße im AT, lang anhaltende dezente Holznote im NT

Gesamtbeurteilung

Ein ausgewogenes , rundes, harmonisches Produkt.

Die süßliche Note wurde durch die Lagerung in einem Sherryfass erzielt. Die Holznote im NT sorgt für einen lang anhaltenden Abgang. Ein Grain für den Ausklang eines schönen Abends.

Verbale Beurteilung *(Team „Kochen & Küche")*

Ein Whisky mit ausgeprägter Körperfülle und Vollmundigkeit

GUTSBRENNEREI FINK

GESCHICHTE UND BETRIEBSBESCHREIBUNG

Die Gutsbrennerei von Hans Gerhard Fink liegt in Nellingen auf der Schwäbischen Alb, in der Nähe von Ulm und Stuttgart, ist seit vielen Generationen ein Familienbetrieb und erzeugt neben Obstbränden und Likören auch Grain Whiskys aus Weizen und Dinkel. Das Getreide stammt aus der eigenen Landwirtschaft.

Der ambitionierte Brenner Fink befasst sich seit über zwölf Jahren mit der Veredelung seiner landwirtschaftlichen Produkte und wollte stets einen eigenständigen Getreidebrand herstellen. Dem Trend der Zeit folgend, nennt er seine Getreidebranntweine heute eben Whisky. Es werden zwei Produkte erzeugt, die er als „Schwäbischen Whisky" bezeichnet.

Schwäbischer Whisky
41,5 Vol.-%, Dinkelwhisky, Single Cask
Schwäbischer Whisky
40 Vol.-%, Whisky aus Dinkel und Weizen

TECHNOLOGIE

Die Rohstoffe Dinkel und Weizen stammen aus der eigenen Landwirtschaft. Ab 2011 ist auch die Herstellung von Malt Whiskys aus Dinkel, Weizen und Gerste geplant. Das Wasser stammt aus der Region. Vor dem Einmaischen wird das Getreide geschrotet bzw. gemahlen, ebenso das Malz, das einen Teil der Schüttung darstellt. Es wird ein fallendes Maischverfahren verwendet, d. h., es wird bei 72-75 °C eingemaischt und bei 58 °C verzuckert. Die Verflüssigung und Verzuckerung der Stärke erfolgt mit technischen Enzymen. Der Maischvorgang dauert etwa drei Stunden. Die verzuckerte Maische wird mit obergäriger Hefe bei etwa 28 °C angestellt. Die Gärdauer beträgt vier bis fünf Tage. Nach erfolgter Hauptgärung wird die reife Maische in einer Blasenanlage (Pot-Still) mit Verstärkeraufsatz (drei Verstärkerböden) zweimal destilliert, das heißt, es wird das Rohbrand-/Feinbrand-Verfahren eingesetzt. Die kupferne Brennblase hat eine Kapazität von 150 Litern. Die Mittellaufkonzentration liegt etwa bei 80 Vol.-%.
Die Lagerung der Destillate wird in Holzfässern aus heimischer Eiche durchgeführt. Die Lagerdauer liegt derzeit bei drei Jahren. Längere Lagerzeiten werden angestrebt.

Nähere Auskünfte sind beim Besuch des Brennereiladens oder bei einer Führung durch die Brennerei zu erfragen.

Whisky-Brennerei Fink

Deutschland
Baden-Württemberg
D-89191 Nellingen
(Alb-Donau-Kreis)
Aicher Straße 7-9
T: +49-7337-9696-0
F: +49-7337-9696-96
M: +49-172 7413084
www.landgasthof-krone.eu
hans-gerhard.fink@t-online.de
info@landgasthof-krone.eu

Ansprechpartner
DI Hans Gerhard Fink

SCHWÄBISCHER WHISKY, DINKELWHISKY
SINGLE CASK NR. 2 (41,5 Vol.-%)

Farbe   Gelbbraun
Klarheit   Blank, kein Bodensatz
Geruch   Typisch, rein, sauber, kein Fremdgeruch, fruchtig
Geschmack Typisch, rein, sauber, kein Fremdgeschmack, leichter Holz-
            ton im NT

Gesamtbeurteilung

Ein typischer sauberer Dinkelwhisky mit ausgeglichenen Geruchs- und Geschmackseindrücken.

Da Dinkel nicht einfach zu verarbeiten ist, kann dieses Produkt als typisches und gutes Beispiel für einen Grain dieser Kategorie bezeichnet werden.

Verbale Beurteilung *(Team „Kochen & Küche")*

Schmeckt intensiv nach Getreide mit dezenter Süße und leichtem Sherry-aroma, lang anhaltend.

Herr Fink beim Verkosten in seiner Brennerei

SCHWÄBISCHER WHISKY, KORNWHISKY
AUS DINKEL UND WEIZEN (40 VOL.-%)

Farbe	Hellbraun
Klarheit	Blank, kein Bodensatz
Geruch	Typisch, rein sauber, kein Fremdgeruch, fruchtig
Geschmack	Typisch, rein, sauber, kein Fremdgeschmack, fruchtig

Gesamtbeurteilung

Ein rundes, harmonisches Produkt, das für einen Grain aus einem Getreidegemisch sehr ansprechend wirkt.

Bei diesem Grain konnten keine technologischen Fehler festgestellt werden. Es wird angenommen, dass die beiden Rohstoffe getrennt gemaischt, vergoren und destilliert wurden. Die Vermischung der Destillate wurde vor Beginn der Lagerung vorgenommen.

Verbale Beurteilung *(Team „Kochen & Küche")*

Dieser Whisky besitzt eine feine Holznote mit dezenten Vanille- und Getreidearomen, mit leicht malziger Süße im Nachklang.

In diesen Fässern reift der Schwäbische Whisky

Spezialitätenbrennerei Volker Theurer

Deutschland
Baden-Württemberg
D-72070 Tübingen,
Stadtteil Unterjesingen
Jesinger Hauptstraße 55-57
T: +49-7073-9182-0
F: +49-7073-9182-99
www.lamm-tuebingen.de
Info@lamm-tuebingen.de

Ansprechpartner
Volker Theurer

SPEZIALITÄTEN-BRENNEREI THEURER

GESCHICHTE UND BETRIEBSBESCHREIBUNG

Vor über 50 Jahren kauften die Großeltern von Volker Theurer das Anwesen an der Unterjesinger-Hauptstraße. Die darin befindliche Gastwirtschaft wurde nur mehr gelegentlich als Besenwirtschaft betrieben. Haupterwerb der Familie war die Landwirtschaft. Der Großvater war auch passionierter Jäger. Ein wichtiges Attribut war ein Brennrecht, das seit mehr als 100 Jahren am Hof lag und vor ca. zehn Jahren zu erlöschen drohte. Diese Erkenntnis änderte das Leben von Volker Theurer, dem Neffen des Besitzers vom „Lamm" in Unterjesingen. Er begann zu brennen. Das erste Produkt war ein Tresterbrand aus Gewürztraminer-Trauben, die er eigenhändig aus dem Elsass ins Ammertal kutschierte. Dann folgten Bierbrände und Bockbierbrände. Schließlich baute er den ehemaligen Pferdestall zu einer Brennerei um und erzeugt heute über 30 Sorten Brände, Geiste und Liköre. Das jüngste Kind wurde **Black Horse** genannt und ist ein Getreidebrand, der als **Original Ammertaler Whisky** bezeichnet wird. Den Anstoß für das Whisky-Brennen holte sich Theurer in Schottland, wo er einige Brennereien besuchte. Zwischendurch eröffnete er mit seiner Lebensgefährtin den zuvor verpachteten Gasthof „Lamm" und führt diesen jetzt in Eigenregie, ebenso wie das Hotel.

Warum der Whisky **Black Horse** heißt, basiert auf einer wahren Geschichte. Der Großvater besaß ein schwarzes Pferd, einen Rappen, der einige Kunststücke vorführen konnte, welche den Gästen öfter gezeigt wurden. Dieser Rappe gab dem Whisky seinen Namen. Da die Gegend im Ammertal liegt, heißt der Whisky zusätzlich „Original Ammertaler Whisky".

Die Hauptsorten sind folgende:
„Sankt Johann" **Schwäbischer Single Malt Whisky**
46,5 Vol.-%, Single Barrel Malt Aged 8 Years
„Black Horse" **Schwäbischer Whisky aus dem Ammertal**
40 Vol.-%, Malt & Grain

TECHNOLOGIE

Rohstoff für den Malzwhisky ist Gerstenmalz. Rohstoffe für die Grain Whiskys sind Roggen und Weizen. Die Malzstärke wird im Rahmen eines aufsteigenden Maischverfahrens verzuckert. Die Rohfruchtstärke wird mittels technischer Enzympräparate verflüssigt und verzuckert und zwar im Rahmen eines absteigenden Maischverfahrens. Vor dem Einmaischen werden Malz oder Rohfrucht sorgfältig geschrotet bzw. gemahlen.

Als Betriebswasser dient Wasser aus der eigenen Quelle. Dieses Wasser wird auch zur Einstellung auf Trinkstärke verwendet.

Nach dem Maischen wird auf 25 °C Anstelltemperatur abgekühlt und mit Reinzuchthefe bzw. mit Bäckerhefe angestellt. Die Hauptgärung dauert 72-96 Stunden. Nach beendeter Gärung wird die reife Maische abdestilliert. Die Malzwhisky-Maische wird auf der Blasenanlage zweimal gebrannt, also nach dem Pot-Still-Verfahren. Hierbei wird ein Dephlegmator verwendet. Die Brennblase fasst 150 Liter. Die Mittellaufkonzentration beträgt etwa 76 Vol.-%.

Das Rohfruchtgetreide, Roggen und Weizen, wird separat gemaischt. Nach der Gärung wird auf der Kolonne mit zwei bis drei Verstärkerböden abdestilliert. Fallweise wird auch hier der Dephlegmator eingesetzt.

Nach der Destillation werden die Destillate getrennt in Holzfässern gelagert. Die Fassgröße beträgt 220 Liter. Zunächst wird in amerikanischen Bourbon-Eichenfässern gelagert, dann wird die Schlussphase in ehemaligen Sherry-Fässern durchgeführt. Die einzelnen Lageretappen sind Betriebsgeheimnis und werden nicht verraten. Die Lagerzeit beträgt mindestens drei Jahre, in der Regel jedoch 7-10 Jahre. Vor der Abfüllung in Flaschen wird der Whisky geblendet, d. h., die einzelnen Sorten werden nach einer Rezeptur gemischt. Diese Rezeptur wird ebenfalls nicht verraten. Das Gemisch, manche würden es als Cuvée bezeichnen, wird dann mit Quellwasser auf Trinkstärke eingestellt. Eine Filtration erfolgt in der Regel nicht. Es ist also eine aufwendige Prozedur, bis der Ammertaler Whisky entsteht. Der Malt Whisky besteht natürlich nur aus Malzwhisky-Destillat, wogegen der Grain Whisky aus den einzelnen Getreidedestillaten geblendet wird. Dies ist die Besonderheit des Hauses Theurer.

Volker Theurer inmitten seiner Spezialitäten.

SCHWÄBISCHER WHISKY, SINGLE MALT/SINGLE BARREL

(46,5 VOL.-%, 8 JAHRE ALT, „ST. JOHANN")

Farbe Gelbbraun
Klarheit Blank, kein Bodensatz
Geruch Typisch, rein, sauber, kein Fremdgeruch, malzig
Geschmack Typisch, rein, sauber, kein Fremdgeschmack, im AT malzig-süßlich, im NT deutliche, aber angenehme Holznote

Gesamtbeurteilung

Gut gelungener Malt Whisky. Keine technischen Fehler feststellbar. Die Lagerung wurde rechtzeitig abgebrochen. Ein durchwegs akzeptables Produkt.

Verbale Beurteilung *(Team „Kochen & Küche")*

Kräftiger Malt-Whisky mit angenehmer Rauchnote und leichtem Holzton

SCHWÄBISCHER WHISKY, BLEND AUS MALT UND GRAIN

(40 VOL.-%, „BLACK HORSE")

Farbe Gelbbraun
Klarheit Blank, kein Bodensatz
Geruch Typisch, rein, sauber, kein Fremdgeruch, leicht malzig
Geschmack Typisch, rein, sauber, kein Fremdgeschmack, rund, leicht malzig im NT

Gesamtbeurteilung

Ein gelungener Blend, bei welchem der Malzanteil deutlich in Erscheinung tritt, sehr runde Komposition.

Verbale Beurteilung *(Team „Kochen & Küche")*

Ein Whisky mit leichter Vanille- und Pfeffernote. Sehr angenehm im Abgang

KLEINBRENNEREI FITZKE

GESCHICHTE UND BETRIEBSBESCHREIBUNG

Edith und Walter Fitzke sind in Herbolzheim-Broggingen im oberen Breisgau zu Hause und verarbeiten seit vier Generationen selbst angebautes Obst und Wildfrüchte zu Trinkbranntweinen. Der Brennereityp ist eine Kleinbrennerei, die ein Obst- und Kornbrennrecht besitzt. Herr Fitzke ist ein Idealist und vor allem ein akribischer Brenner, dem Präzision heilig ist. Zudem ist der hochdekorierte Schnapsbrenner sehr innovativ und erzeugt neben Obstbränden, Wodkas und Bierbränden seit 2004 auch **Whisky**. Er nennt seinen Whisky **Schwarzwälder Whisky**.

Walter Fitzke stellt **Malt Whisky** aus gemälzten Getreidearten her, vor allem aber **Grain Whisky** aus verschiedenen Getreidearten. Da die Getreidearten reinsortig verarbeitet werden, nennt er seine jeweiligen Produkte **Single Grain Whisky** oder im Falle der Verwendung von Malz **Single Malt Whisky.**

Bisher wurde Grain Whisky aus Gerste, Weizen, Hafer, Hirse, Mais, Reis, Buchweizen, Emmer, Einkorn, Triticale, Dinkel etc. hergestellt und Malzwhisky aus Gersten-, Roggen-, Weizen-, Dinkel-, Hafer- und Emmermalz.

Da die einzelnen Rohfruchtarten zum Teil sehr unterschiedliche Verkleisterungs-, Verflüssigungs- und Verzuckerungstemperaturen benötigen, ist fast jedes Maischverfahren anders. Auch Walter Fitzke musste am Anfang in diesem Bereich viel Lehrgeld bezahlen.

Das verwendete Wasser ist weiches Schwarzwälder Quellwasser aus der St. Landolinquelle mit einer Gesamthärte von etwa 2 °dH.

TECHNOLOGIE

Malzmaische wird im steigenden Maischverfahren (Einmaischtemperatur von 37 bis 50 °C) und Rohfruchtmaische in unterschiedlichen fallenden Maischverfahren (Einmaischtemperatur von 68 bis 100 °C) hergestellt. Der Inhalt der Brennblase beträgt 100 Liter. Die Anstelltemperatur liegt bei 25 °C. Es wird eine obergärige Hefe eingesetzt. Die Hefemenge beträgt 20-25 g/hl Maische. Es wird keine Würze vergoren, sondern immer eine Maische. Der Maischprozess dauert etwa fünf Stunden, wobei größtes Augenmerk auf eine individuelle Verkleisterung, Verflüssigung und Verzuckerung der jeweiligen Rohfruchtstärke gelegt wird. Dies bringt nicht nur gute Alkoholausbeuten, sondern ist auch die Vorausset-

Kleinbrennerei Fitzke

Deutschland
Baden-Württemberg
D-79336 Herboltzheim-Broggingen
Riedstraße 18
T: +49-7643-1523
F: +49-3212-112871
www.kleinbrennerei-fitzke.de
info@kleinbrennerei-fitzke.de

Ansprechpartner
Fam. Fitzke

zung für eine zügige Vergärung, die normalerweise nach 72 Stunden abgeschlossen sein muss.

Die reifen Malz- und Rohfruchtmaischen werden nur einmal gebrannt, und zwar auf einer Kolonne mit drei vorhandenen Verstärkerböden, von welchen nur einer eingesetzt wird. Ein Dephlegmator wird teilweise eingesetzt. Das Material der Brennblase ist aus Kupfer. Der Alkoholgehalt der Mittelläufe liegt bei etwa 70 Vol.-%.

Die hochprozentigen Destillate werden zur Gewinnung von Farbe und Holzaromen zunächst in neue 30-Liter-Fässer aus Eiche gelegt, dann 2,5 Jahre in alte gebrauchte Fässer, um zu reifen. Herr Fitzke betont, dass er bewusst keine Fässer verwendet, in welchen vorher Wein, Portwein, Sherry, Madeira oder auch Bourbon gelagert wurde, um keine weinigen oder gar schwefeligen Noten in das Destillat zu bekommen.

Vielmehr sollen die spezifischen, fruchtigen Getreidenoten im Endprodukt deutlich erhalten bleiben und nicht durch dominierende Holznoten überdeckt werden.

Die Einstellung auf Trinkstärke erfolgt mit weichem Schwarzwälder Quellwasser auf 43 Vol.-%.

Eine weitere Besonderheit im Hause Fitzke ist, dass die Destillate laufend verkostet werden und, sobald der Holzton stärker zu werden beginnt, die Destillate in Glas umgefüllt werden.

Schließlich soll noch erwähnt werden, dass Fitzke bei der Bezeichnung seiner Whiskys bewusst auf Anglizismen verzichtet, um die Eigenständigkeit und Unvergleichbarkeit der Produkte zu betonen und den Endverbraucher nicht auf etwas hoffen lässt, was dann nicht in der Flasche ist. Er verzichtet auch auf eine Vermischung verschiedener Rohfruchtarten, um die Reinsortigkeit der Produkte garantieren zu können.

Derzeit sind zehn verschiedene Whiskys im Angebot, fünf Malzwhiskys und fünf Rohfruchtwhiskys.

Walter Fitzke hat zehn verschiedene Whiskys in seinem Angebot.

SCHWARZWÄLDER 4-KORN MALT WHISKY

Farbe   Dunkelgelb
Klarheit   Blank, kein Bodensatz
Geruch   Rein, sauber, kein Fremdgeruch, frisch, fruchtig
Geschmack Rein, sauber, kein Fremdgeschmack, frisch, fruchtig, rund

Gesamtbeurteilung

Ausgewogener Malt aus einem Gemisch von 4 Malzen.
Die Malzmischung ergänzt sich harmonisch, so dass keine direkte Zuordnung möglich, jedoch der Charakter eines Malt einwandfrei erkennbar ist.

SCHWARZWÄLDER GERSTENWHISKY (43 VOL.-%)

Farbe   Dunkelgelb
Klarheit   Blank, kein Bodensatz
Geruch   Typisch, rein, sauber, kein Fremdgeruch, fruchtig
Geschmack Typisch, rein, sauber, kein Fremdgeschmack, leicht süßlich

Gesamtbeurteilung

Typischer reiner Gerstenwhisky.
Runder, harmonischer Whisky, kein störender Holzton bemerkbar, Ergebnis einer begleitenden Verkostung

SCHWARZWÄLDER MAISWHISKY (43 VOL.-%)

Farbe   Dunkelgelb
Klarheit   Blank, kein Bodensatz
Geruch   Typisch, rein, sauber, kein Fremdgeruch, fruchtig
Geschmack Typisch, rein, sauber, kein Fremdgeschmack, fruchtig, rund, leicht süßlich

Gesamtbeurteilung

Rund, harmonisch, ausgeglichen, kein störender Holzton bemerkbar.
Typischer reiner Maiswhisky

SCHWARZWÄLDER HAFERWHISKY (43 VOL.-%)

Farbe   Dunkelgelb
Klarheit   Blank, kein Bodensatz
Geruch   Typisch, rein, sauber, kein Fremdgeruch, fruchtig
Geschmack Typisch, rein, sauber, kein Fremdgeschmack, fruchtig, rund

Gesamtbeurteilung

Typisch reiner Haferwhisky, rund, harmonisch, ausgeglichen.
Ein schönes Produkt ohne störenden Holzton

SCHWARZWÄLDER HIRSEWHISKY (43 Vol.-%)

Farbe Dunkelgelb
Klarheit Blank, kein Bodensatz
Geruch Typisch, rein, sauber, kein Fremdgeruch, fruchtig
Geschmack Typisch, rein, sauber, kein Fremdgeschmack, fruchtig, leichter Holzton im NT

Gesamtbeurteilung
Typischer fruchtiger harmonischer Hirsewhisky mit leichtem Holzton im Abgang

SCHWARZWÄLDER BUCHWEIZENWHISKY (43 Vol.-%)

Farbe Dunkelgelb
Klarheit Blank, kein Bodensatz
Geruch Typisch, rein, sauber, kein Fremdgeruch, fruchtig, leicht süßlich
Geschmack Typisch, rein, sauber, kein Fremdgeschmack, fruchtig, leicht süßlich im NT

Gesamtbeurteilung
Typischer fruchtiger Buchweizenwhisky mit leicht süßlichem Abgang

SCHWARZWÄLDER GERSTENMALZWHISKY (43 Vol.-%)

Farbe Dunkelgelb
Klarheit Blank, kein Bodensatz
Geruch Typisch, rein, sauber, kein Fremdgeruch, malzig
Geschmack Typisch, rein, sauber, kein Fremdgeschmack, malzig, leicht süßlich im NT

Gesamtbeurteilung
Typischer runder Malt Whisky mit malzigem, leicht süßlichem Abgang. Harmonischer Malt, mit leicht malziger Note im NT

SCHWARZWÄLDER WEIZENMALZ-WHISKY (43 Vol.-%)

Farbe Dunkelgelb
Klarheit Blank, kein Bodensatz
Geruch Typisch, rein, sauber, kein Fremdgeruch, fruchtig
Geschmack Typisch, rein, sauber, kein Fremdgeschmack, fruchtig

Gesamtbeurteilung
Typischer Weizenmalzwhisky mit rundem Abgang. Angenehmer Malt ohne störenden Holzton im NT.

SCHWARZWÄLDER DINKELMALZWHISKY (43 Vol.-%)

Farbe   Dunkelgelb
Klarheit   Blank, kein Bodensatz
Geruch   Typisch, rein, sauber, kein Fremdgeruch, fruchtig
Geschmack Typisch, rein, sauber, kein Fremdgeschmack, fruchtig

Gesamtbeurteilung

Sehr schöner typischer Dinkelmalzwhisky.
Harmonisch im AT und NT, gut ausbalanciert

SCHWARZWÄLDER ROGGENMALZWHISKY (43 Vol.-%)

Farbe   Dunkelgelb
Klarheit   Blank, kein Bodensatz
Geruch   Typisch, rein, sauber, kein Fremdgeruch, fruchtig
Geschmack Typisch, rein, sauber, kein Fremdgeschmack, fruchtig

Gesamtbeurteilung

Sauberer Roggenmalz-Whisky mit typischem NT.
Ein gelungener Roggen-Grain für Liebhaber

**Erste Bayerwald-
Whisky-Destillerie**

Deutschland
Bayern/Niederbayern
D-93444 Bad Kötzting
Jahnstraße 11–15 und
Pfingstreiterstraße 5
T: +49-9941-1321
F: +49-9941-7300
www.coillmor.com
whisky@coillmor.com
g.liebl@brennerei-liebl.de

Ansprechpartner
Gerhard Liebl

ERSTE BAYERWALD-WHISKY-DESTILLERIE

GESCHICHTE UND BETRIEBSBESCHREIBUNG

Die Brennerei Liebl brennt schon seit mehreren Generationen Bayerwald Spezialitäten wie z. B. Bärwurz und Blutwurz. Daneben wird auch heimisches Obst gebrannt. 2009 wurde auf der ProWein in Düsseldorf der 1. Bayerwald Single Malt Whisky vorgestellt. Die Brennerei liegt in Bad Kötzting, inmitten des Bayerischen Waldes, dem grünen Dach Europas. Gerhard Liebl befasste sich mehrere Jahre mit dem Produkt Whisky, bis er sich selbst an die Herstellung wagte. Die Brennerei wurde adaptiert und nach mehreren Versuchen gelangen der erste Maischversuch und die erste Destillation. Das war 2005. Es war von Anfang an geplant, einen Malt Whisky nach dem Pot-Still-Verfahren herzustellen. Der Whisky erhielt auch einen gälischen Namen: **Coillmór**. Übersetzt man den Namen ins Deutsche, so bedeutet *(coill=Wald)* und *(mór=groß)*, was gut zum Bayerischen Wald passt.

TECHNOLOGIE

Als Wasser dient frisches Felsquellwasser aus der Quelle des Kaitersberges. Das Malz ist spezielles Gerstenbraumalz aus zweizeiliger Sommergerste. Dazu wird etwas Rauchmalz eingesetzt. Beide Malze stammen aus einer fränkischen Mälzerei. Gemaischt wird mit einem aufsteigenden Maischverfahren. Mit 60 °C eingemaischt, werden die Verzuckerungstemperaturen bei 62, 68 und 72 °C eingehalten. Nach ca. vier Stunden ist die verzuckerte Maische fertig und wird auf 25 °C abgekühlt. Nun wird eine spezielle obergärige Hefe zugesetzt und drei bis vier Tage vergoren. Anschließend wird die reife Maische auf einer Pot-Still-Anlage zweimal gebrannt, d. h.,

es wird ein Rohbrand und anschließend ein Feinbrand erzeugt. Die Rohbrandblase hat eine Kapazität von 450 Litern, die Feinbrandblase fasst 150 Liter. Beim Feinbrennen können Verstärkerböden zugeschaltet werden, so dass eine Mittellaufkonzentration von 78 Vol.-% resultiert. Das Material der Brennblasen besteht aus Kupfer.

Nun folgt der Prozess der Lagerung. Grundsätzlich sind Holzfässer aus amerikanischer Weiß-Eiche und aus französischer Limousin-Eiche dafür vorgesehen. In der Regel werden die Destillate drei Jahre in 225-Liter-Fässern aus amerikanischer Weiß-Eiche gelagert, und zwar nicht in neuen, sondern in Fässern, die bereits ein- bis zweimal belegt worden waren. Spezialabfüllungen werden in 220 l alten Bourbon-Fässern, 500-l-Sherry-Fässern, 225-l-Portwein-Fässern, 350-l-Cognac-Fässern oder in 225-l-Bordeaux-Fässern gelagert.

Zurzeit sind drei Varianten im Verkauf:
Coillmór Bavarian Single Malt American Oak
   Single Cask, 46,4 Vol.-%, destilled Feb. 2007, 420 Flaschen
Coillmór Bavarian Single Malt American Oak
   43 Vol.-%, destilled Sept. 2006, 1.500 Flaschen
Coillmór Bavarian Single Malt Bordeaux
   Single Cask, 46 Vol.-%, destilled Juni 2006, 390 Flaschen
Es handelt sich jeweils um Flaschen mit einem Inhalt von 0,7 Litern.

COILLMÓR, AMERICAN OAK, BAVARIAN SINGLE MALT WHISKY (43 VOL.-%, 2006)

Farbe	Hellgelb
Klarheit	Blank, kein Bodensatz
Geruch	Rein, sauber, kein Fremdgeruch, angenehme Holznote
Geschmack	Kräftige Holznote im AT und NT, Holz überdeckt die malzige Note, scharfe Alkoholnote, ansonsten rein und ohne Fremdgeschmack

Gesamtbeurteilung
Die Alkoholschärfe deutet auf zu kurze Lagerzeit hin, die starke Holznote kann durch begleitende Sensorik vermieden werden.

Verbale Beurteilung *(Team „Kochen & Küche")*
Malzig mit frischer Holznote, am Gaumen voluminös und komplex

COILLMÓR, AMERICAN OAK, SINGLE CASK (46,46 VOL.-%, 2007)

Farbe	Dunkelgelb
Klarheit	Blank, kein Bodensatz
Geruch	Rein, sauber, kein Fremdgeruch, leicht malzig
Geschmack	Rein, sauber, kein Fremdgeschmack, ausgewogener Malzcharakter und Holzton, bei Verdünnung auf 40 Vol.-% noch milder.

Gesamtbeurteilung

Sauberer Malt Whisky mit ausbalanciertem Körper.

Ein deutlich erkennbarer Malt Whisky mit sehr schöner Verbindung zwischen Malzton und Holzabgang im NT.

Verbale Beurteilung *(Team „Kochen & Küche")*

Ein Whisky mit malzig-mildem Charakter und ausgewogener tiefgründiger Aromatik, am Gaumen weich und lang anhaltend.

COILLMÓR BORDEAUX SINGLE CASK (46 VOL.-%, 2006)

Farbe	Rotbraun
Klarheit	Blank, kein Bodensatz
Geruch	Rein, sauber, kein Fremdgeruch, leicht süßlich, leicht malzig
Geschmack	Rein, sauber, kein Fremdgeschmack, leicht malzig, leicht süßlich

Gesamtbeurteilung

AT und NT ergänzen sich harmonisch. Ein runder Malt Whisky.

Die Lagerung im Bordeaux-Fass brachte eine angenehm süße Note in das Produkt, wodurch auch der Holzton sehr schön harmonisiert wurde.

BRAUEREI UERIGE

GESCHICHTE UND BETRIEBSBESCHREIBUNG

Die Brauerei Uerige ist eine Obergärige Hausbrauerei in der Altstadt Düsseldorfs. Den Gasthof gibt es seit 1632. Die Brauerei entstand etwa im Jahre 1862. Den Namen **Uerige** erhielt sie vom damaligen Besitzer und Bierbrauer Wilhelm Cürten. Der war ein uriger oder, wie der Düsseldorfer sagt, ein ueriger Mensch, welcher nie das Haus verließ, außer sonntags zum Gottesdienst in der nahegelegenen Max-Kirche.

Wer länger in Düsseldorf weilt, kommt um die Begriffe **Baas** (Chef der Brauerei, Wirt), **Köbes** (Ober), **Zappes** (der, der das Bier zapft), **Alt** (Biersorte), **leckeres Dröppke** (gutes Tröpfchen), **Doosch** (Durst), **Killepitsch** (Schnaps) etc. nicht herum. Zumindest muss er sie sich übersetzen lassen. Ein Spruch, der typisch für den Betrieb ist, lautet: **Leve on leve loße!**

Einer der späteren Wirte wollte keine Schnapssteuer bezahlen und ließ kurzerhand keinen Schnaps mehr ausschenken. Für die Gäste stand dieses Faktum deutlich lesbar an der Wand: *Schnapsgenuss während des Bierkonsums ist hier untersagt. Er stört Ihre Gesundheit und mein Geschäft. Der Wirt.*

Dieses Diktum des ehemaligen Wirtes Rudolf Arnolds gilt bis heute noch. Trotz der Errichtung einer Brennerei und der Erzeugung eigener Bierbrände (Stickum) ist der Schnapsgenuss nur in der Stickum-Bar oder bei geschlossenen Gesellschaften gestattet. Ansonsten ist der Schnapsausschank in allen anderen Räumen der Wirtschaft untersagt. Nach den beiden Bierbränden „Stickum" und „Stickum plus" kam man auf die Idee, neben einem Bierbrand auch einen Getreidebrand, nämlich „Whisky", selbst herzustellen.

Der Wandel, nämlich Schnaps bzw. Whisky selbst herzustellen, kam eigentlich von der Großmutter des jetzigen Baas Michael Schnitzler. Die Oma, Thea Schnitzler, hatte in den 80er-Jahren zur Feier eines runden Geburtstages die Familie auf eine Schottlandreise eingeladen und anlässlich einer Brennereibesichtigung und der Verkostung der dortigen Erzeugnisse gemeint: *Dat könne wir auch selber.* So kam es allmählich zu den Bierbränden und – gut Ding braucht Weile – zur Idee, Whisky im eigenen Haus herzustellen.

Damit brach man nicht nur die Tradition im Uerige, nämlich niemals mehr Schnaps auszuschenken, sondern setzte auch die Tradition der Düsseldorfer Brennereien fort (es gab im 19. Jh. bis zu 91 davon) und nennt sich heute stolz Düsseldorfs einzige Hausbrennerei.

Uerige Obergärige Hausbrauerei GmbH

Deutschland
Nordrhein-Westfalen
D-40213 Düsseldorf
Bergerstraße 1
T: +49-0211-866990
F: +49-0211-132886
www.uerige.de
info@uerige.de

Ansprechpartner
Herr Schnitzler und
Herr Andre Meurer

TECHNOLOGIE

Hausbrauerei und Hausbrennerei stellen im Uerige eine klassische Symbiose dar. Als Brauwasser wird Düsseldorfer Stadtwasser verwendet. Zum Einstellen auf Trinkstärke wird Weichwasser in der hauseigenen Umkehrosmoseanlage hergestellt.

Die Malze werden von einer fränkischen Mälzerei eingekauft. Es wird helles Gerstenbraumalz (Pilsener Malz) eingesetzt, dazu noch Caramünch und Melanoidinmalz (Farbmalz).

Vor dem Einmaischen werden die Malze sorgfältig geschrotet.

Im Sudhaus wird mittels eines aufsteigenden Maischverfahrens (Infusionsverfahren) bei 48 °C eingemaischt und eine gut verzuckerte Maische erzeugt. Nach dem Abläutern der Vorderwürze folgen lediglich zwei kurze Nachgüsse zum Auslaugen der Treber. Gekocht wird die Ausschlagwürze nur kurz, etwa 10-15 Minuten und zwar ohne Hopfen. Der Sud dauert vom Einmaischen, über das Läutern bis zum Ausschlagen insgesamt etwa 7,5 Stunden.

Die Anstelltemperatur beträgt 23–25 °C. Als Hefe wird die obergärige Hefe der Brauerei eingesetzt. Die Temperatur bei der Hauptgärung steigt trotz Kühlung auf 28–30 °C. Die Gärung dauert 64–70 Stunden. Hefegabe ist ca. 1 Liter/hl Würze.

Nach beendeter Gärung wird in der neu installierten kupfernen Wasserbadbrennerei (Blase, Verstärkeraufsatz, Dephlegmator und Katalysator) die reife Würze in einem Arbeitsgang destilliert. Die Blase hat einen Inhalt von 250 Litern.

Das hochprozentige Destillat (ca. 78 Vol.-%) wird dann in neue Fässer aus amerikanischer Weiß-Eiche zur Lagerung eingefüllt. Die Technologie der Lagerung wird derzeit noch erprobt. Es sind auch gebrauchte Bourbon-Fässer, gebrauchte Portwein-Fässer und ein gebrauchtes Sherry-Fass vorhanden, deren Einsatz noch durch Versuche realisiert werden muss.

Die erste Abfüllung nach drei Jahren Lagerzeit besitzt eine Trinkstärke von 42 Vol.-%.

UERIGE BAAS-MALTWHISKY (42 VOL.-%)

Farbe	Hellbraun
Klarheit	Blank, kein Bodensatz
Geruch	Rein, sauber, kein Fremdgeruch, leicht malzig, noch jung, daher starker Alkoholton in der Nase
Geschmack	Rein, sauber, kein Fremdgeschmack, leicht malzig im AT, keine aufdringliche Holznote im NT, da noch jung, etwas scharfe Alkoholnote im AT

Gesamtbeurteilung

Ein vielversprechendes Produkt, das alle Merkmale eines Malt Whiskys aufweist, jedoch noch einige Lagerzeit benötigt, um rund und harmonisch zu werden. Es wird eine sensorische Begleitung empfohlen, bis das Potential voll erreicht ist.

Slyrs Destillerie GmbH & Co.KG (Lantenhammer)

Deutschland
Bayern/Oberbayern
D- 83727 Schliersee/
Ortsteil Neuhaus
Bayrischzeller Straße 13
T: +49-8026-9222-795
F: +49-8026-9222-933
www.slyrs.de
info@slyrs.de

Ansprechpartner
Familie Stetter sowie
Frau Diana Hamberger

SLYRS DESTILLERIE (LANTENHAMMER)

GESCHICHTE UND BETRIEBSBESCHREIBUNG

1994 unternahm Florian Stetter eine Schottlandreise, in deren Verlauf nach Besuch einiger Whisky-Brennereien der Gedanke geboren wurde, zu Hause in Bayern einen echt bayerischen Malt Whisky herstellen zu wollen. Dem Gedanken folgte die Tat und der Brauer Florian Stetter begann zu experimentieren. Das war 1997. Nach vielen Fehlschlägen – auch Florian Stetter musste viel Lehrgeld zahlen – erfolgten 1999 die ersten Destillationen in der Lantenhammer Brennerei. Dann wurde in Neuhaus/Schliersee eine neue Whisky-Brennerei mit neuen Brenngeräten gebaut. Seitdem erfolgt die Produktion – Maischen-Gären-Destillieren-Lagern – dort.

Doch wie kam es zu dem Namen **Slyrs**? Im Jahre 779 gründeten 5 Benediktinermönche in der Einöde von Schliersee ein Kloster. Sie nannten dieses Kloster SLYRS. Später wurde die ganze Gegend Slyrs genannt. Aus Slyrs wurde Schlürs, daraus Schliers. Davon leitet sich der Name des Sees ab: Schliersee. Slyrs heißt aber auch Schlieren ziehen und bezeichnet ein Bodenmaterial, einen grün-gelblich schlierenartigen Mergel, der in dieser Gegend häufig vorkommt.

Florian Stetter nannte seinen bayerischen Whisky zur steten Erinnerung an alte Zeiten **SLYRS**.

TECHNOLOGIE

Das Wasser zum Maischen und zur Einstellung auf Trinkstärke ist ein Gebirgsquellwasser aus der nahe gelegenen Bannwaldquelle.

Das Malz stammt aus Franken und zwar aus zweizeiliger Sommergerste. Das Gerstenmalz wird am Schluss des Mälzungsprozesses über Buchenholzspänen geräuchert und nicht über Torf oder Koks wie in Schottland. Das Grundmaterial für den bayerischen Malzwhisky ist also Buchenspan-Rauchmalz.

Der gesamte Brauprozess wird in der neuen Brennerei in Neuhaus durchgeführt. Das sorgfältig geschrotete Malz wird im Rahmen eines Infusionsverfahrens gemaischt und verzuckert. Die Verzuckerung wird durch eine Jodprobe abgesichert. Anschließend wird abgeläutert. Die Herstellung der Anstellwürze erfolgt also mit Hilfe des Würzeverfahrens.

Die Anstelltemperatur liegt bei 25 °C. Als Hefe wird eine obergärige Hefe verwendet. Nach einer drei- bis viertägigen Gärung erfolgt die Destillation im Pot-Still-Verfahren. Es wird also zweimal gebrannt, d. h., es wird ein Rohbrand und ein

Feinbrand erzeugt. Die Destillation erfolgt in kupfernen Brennblasen mit einem Inhalt von jeweils 1.500 Litern. Auffallend sind die konisch zulaufenden Geistrohre, die von Kupferschmieden nach alter Handwerkskunst gefertigt wurden. Die Mittellaufkonzentration liegt bei 75-78 Vol.-%.

Die anschließende Lagerung wird in Holzfässern durchgeführt. Es werden neue ausgekohlte Fässer aus amerikanischer Weiß-Eiche verwendet, in welchen das Destillat mindestens drei Jahre heranreift. Die Lagerung erfolgt in der Lagerhalle bei 15 bis 17 °C. Die Weiß-Eiche hat ein sehr grobporiges Holz und ermöglicht einen guten Sauerstoffaustausch, so dass der Whisky bereits nach drei Jahren Lagerzeit ein beeindruckendes geruchliches und geschmackliches Erlebnis entfaltet.

Der Whisky wird nicht kaltfiltriert. Die Einstellung erfolgt auf 43 Vol.-% Trinkstärke. Geplant ist auch die Erzeugung eines zehn bis zwölf Jahre gereiften Whiskys.

Derzeit ist nur eine Marke im Verkauf: **SLYRS Bavarian Upperland Malt –Whisky – Single Malt** mit 43 Vol.-%Trinkstärke.

UPPERLAND MALT-WHISKY, SLYRS WHISKY (43 VOL.-%, 2007)

Farbe	Gelbbraun
Klarheit	Blank, klar, kein Bodensatz
Geruch	Typisch, rein, sauber, leicht malzig, kein Fremdgeruch
Geschmack	Typisch, rein, sauber, malzig/süßlich im NT, harmonisch, rund, kein Fremdgeschmack

Gesamtbeurteilung

Sehr typisches, sauberes Produkt ohne störende Fremdeinflüsse, ein ansprechendes Produkt mit deutlichem Malt-Whisky-Charakter. Malznote und Holzton ergänzen sich elegant.

Verbale Beurteilung *(Team „Kochen & Küche")*

Ein Whisky mit bonbonartiger Süße, leichten Honigtönen, Vanillearomen und dezentem Malz

**Whiskydestillerie
Blaue Maus**

Deutschland
Bayern/Oberfranken
D-91330 Eggolsheim –
Neuses
Bambergerstraße 2
T: +49-9545-7461
F: +49-9545-50408
www.fleischmann-whisky.de

Ansprechpartner
Familie Fleischmann

SINGLE MALT WHISKY DESTILLERIE ROBERT FLEISCHMANN

GESCHICHTE UND BETRIEBSBESCHREIBUNG

In einem kleinen Weiler zwischen Forchheim und Bamberg, im kleinen Ort **Neuses**, befindet sich die **Erste Deutsche Malt Whisky Brennerei** von Robert **Fleischmann** – und das seit **1983**. Seit über 27 Jahren gibt es also eine deutsche Brennerei, die Malzwhisky erzeugt. In einem eher unscheinbaren Haus, das **„Die blaue Maus"** genannt wird, befinden sich die Brennerei und im Keller das gleichnamige Lokal. Hier werken Robert Fleischmann mit seiner Frau und den beiden Kindern Thomas und Petra.

Begonnen hat das Ganze 1980, als der Vater, er hieß ebenfalls Robert, ein Brennrecht von 300 lW/a kaufte und die Idee hatte, sich an die Kunst der Whisky-Herstellung zu wagen. Dies war in jener Gegend, in welcher nur Obst gebrannt wurde, damals revolutionär und die Idee wurde mehr als nur belächelt. Die Leute sagten ganz unverblümt: Whisky, der nicht aus Schottland, Irland oder den Vereinigten Staaten kommt, sei kein Whisky und einfach nicht akzeptabel.

Trotz all dieser negativen Bemerkungen hielt Fleischmann an seinem Konzept fest und begann mit den ersten Versuchen. Mit altfränkischer Zähigkeit, ja fast möchte man sagen Sturheit, setzte er seine Versuche fort. In den ersten Jahren lief vieles nicht nach Wunsch und Fleischmann musste gründlich Lehrgeld bezahlen. Sein Motto war: Üben, üben, üben. Aus dem Laien wurde so ein Empiriker, der sich alle Kenntnisse der Getreideverarbeitung und des Brauens selbst erarbeiten musste und trotz vieler Rückschläge nicht aufgab. Es ist daher kein Wunder, dass Fleischmann wenig über seine Technologie spricht und seine „Geheimnisse" sorgfältig hütet.

Nicht nur die Technik bereitete ihm Schwierigkeiten. Denn als endlich der erste trinkbare Whisky abgefüllt und die Flaschen etikettiert und verkauft wurden, verwendete Fleischmann die schottische Bezeichnung **Glen …** auf dem Etikett. Prompt meldete sich der schottische Whisky-Verband (SWA) und drohte mit einer Klage, da das Wort **Glen** schottisch bzw. gälisch sei und beim Endverbraucher den Eindruck einer Täuschung erwecken würde. Aus Kostengründen wurde daher auf die Verwendung des Wortes „Glen" verzichtet und nur mehr eine deutsche Bezeichnung für die einzelnen Whisky-Sorten gewählt. Seitdem findet man ganz illustre Namen für die im fränkischen Neuses gebrannten Whisky-Sorten: **Schwarzer**

Pirat, Blaue Maus, Grüner Hund, Austrasier, Spinnaker, Krotten-taler, Old Fahr etc. Diese Bezeichnungen rühren daher, dass sowohl der Senior Fleischmann wie auch der Junior bei der Marine waren und dem Meer sehr verbunden sind. Im Keller des Hauses unterhalb der Brennerei befindet sich eine Kneipe, die wie ein Schiff eingerichtet ist und den Besucher auf Schritt und Tritt an die Seefahrt erinnert.

Alle Schritte der Herstellung werden in der Brennerei durchgeführt. Es beginnt beim Mahlen des Malzes und beim Maischen und führt über die Gärung der Maische bis zur Destillation. Anlässlich des Jubiläums (25-Jahrfeier) wurde ein neues Brenngerät angeschafft. Gelagert wird in neuen Eichenholzfässern. Die Lagerzeit geht weit über die geforderte Mindestlagerzeit von drei Jahren hinaus. Wer sich für Einzelheiten interessiert, dem sei eine Betriebsbesichtigung und Führung empfohlen.

TECHNOLOGIE

Zu Beginn seiner Whisky-Versuche wollte Fleischmann Rauchmalz für seine Produkte verwenden. Es gab nämlich in der Nähe in Bamberg eine Brauerei, die Rauchbier erzeugte. Aber weder von der Malzfabrik, welche diese Brauerei belieferte, noch von der Brauerei selbst erhielt Fleischmann Rauchmalz für seine Versuche. Da erinnerte er sich, dass es einige Malt-Whisky-Brennereien in Schottland gab und gibt, die ungeräuchertes Malz (totally unpeated malt) zur Herstellung ihrer Whiskys verwenden und sogar damit werben. Seitdem stellt die Blaue Maus Whisky aus ungeräuchertem Malz her. Als Wasser dient das örtliche Trinkwasser. Es werden verschiedene Malzsorten aus Deutschland verarbeitet, die entweder reinsortig als auch

im Gemisch eingemaischt werden. Ein Problem stellte am Anfang die Kühlung der verzuckerten Maische dar, nämlich von der Verzuckerungstemperatur auf die Anstelltemperatur. Kurzer Hand verwendete Fleischmann Brocken aus Stangeneis, die er in die Maische rührte und so die Temperatursenkung erreichte. Heute geschieht dies wesentlich eleganter. Nach der Kühlung wird die Maische mit Bäckerhefe versetzt – Fleischmann ist ja selbst gelernter Bäcker – und vergoren. Anschließend folgt die Destillation auf der Brennblase im Pot-Still-Verfahren, d. h., es wird zweimal gebrannt und ein Rohbrand sowie ein Feinbrand erzeugt. Für die Lagerung des Mittellaufes wurden und werden kleine Holzfässer aus heimischer Eiche verwendet, und zwar neue Fässer, die weder behandelt noch angekohlt sind. Die Destillate werden weder gefärbt noch kältefiltriert. Es wird auch nicht verschnitten oder geblendet. Alle Abfüllungen sind Single Malt Whiskys, ja sogar Single Cask Whiskys. Die Lagerzeit beträgt mindestens sechs bis acht Jahre. Die neue Destillieranlage besteht aus einer Blase mit seitlich angebrachtem Verstärker und Dephlegmator Das Geheimnis der verschiedenen Geschmacksnuancen kommt von der Verwendung verschiedener Malze und Malzgemische und vom Ein-

satz verschieden alter Fässer. Die Einstellung auf Trinkstärke erfolgt stets mit Weichwasser auf 40 Vol.-%.

Derzeit sind folgende Whiskysorten im Verkauf:
Blaue Maus Single Cask Malt Whisky
    40 Vol.-%, dest. 06/97, abgefüllt 05/10, Fass Nr. 1
Blaue Maus Single Cask Malt Whisky
    40 Vol.-%, dest. 06/98, abgefüllt 05/10, Fass Nr. 3, 2. Fassfüllung
Grüner Hund Single Cask Malt Whisky
    40 Vol.-%, dest.08/96, abgefüllt 05/10, Fass Nr. 3
Schwarzer Pirat Single Cask Malt Whisky
    40 Vol.-%, dest. 08/98, abgefüllt 05/10
Spinnaker Single Cask Malt Whisky
    40 Vol.-%, dest. 06/01, abgefüllt 05/10, Fass Nr. 1
Old Fahr Single Cask Malt Whisky
    40 Vol.-%, dest. 07/00, abgefüllt 05/10, Fass Nr. 3
Austrasier Single Cask Malt Whisky
    40 Vol.-%d, est. 06/94, abgefüllt 05/10, Fass Nr. 2

AUSTRASIER, SINGLE CASK GRAIN WHISKY (40 VOL.-%, FASS 2, 1994)

Farbe	Hellbraun
Klarheit	Blank, kein Bodensatz
Geruch	Typisch, rein, sauber, kein Fremdgeruch, fruchtig
Geschmack	Typisch, rein, sauber, kein Fremdgeschmack, im NT kräftiger, aber tolerierbarer Holzton

Gesamtbeurteilung
Fruchtiger Grain, im Abgang kräftiger Holzton, typisch holzgelagerter Getreidebrand

Verbale Beurteilung *(Team „Kochen & Küche")*
Leichter Getreideton, etwas Marzipan mit leichter Schärfe

BLAUE MAUS, 2. FASSFÜLLUNG, SINGLE CASK MALT WHISKY (40 VOL.-%, 1997)

Farbe	Hellgelb
Klarheit	Blank, kein Bodensatz
Geruch	Typisch, rein, sauber, kein Fremdgeruch, malzig
Geschmack	Typisch, rein, sauber, kein Fremdgeschmack, malzig, leichter Holzton im NT

Gesamtbeurteilung
Reiner Malzwhisky mit ausgewogenem Malzton und Holzton im NT

BLAUE MAUS, SINGLE CASK
MALT WHISKY (40 VOL.-%, FASS 3, 1998)

Farbe	Braunrot
Klarheit	Blank, kein Bodensatz
Geruch	Rein, sauber, kein Fremdgeruch, leichte Holznote
Geschmack	Rein, sauber, kein Fremdgeschmack, leicht malzig, leichter Holzton im NT

Gesamtbeurteilung

Sauberer Malt Whisky mit leichtem Holzton

Verbale Beurteilung *(Team „Kochen & Küche")*

Fruchtig-herb mit Bitterschokolade; malzig-cremig im Nachklang

OLD FAHR, SINGLE CASK MALT WHISKY (40 VOL.-%, FASS 3, 2000)

Farbe	Braunrot
Klarheit	Blank, kein Bodensatz
Geruch	Rein, sauber, kein Fremdgeruch, leicht malzig, leicht fruchtig, leicht holzig
Geschmack	Rein, sauber, kein Fremdgeschmack, rund, ausgewogenes Finish

Gesamtbeurteilung

Kräftiger ausgewogener Malt Whisky

Verbale Beurteilung *(Team „Kochen & Küche")*

Weich, nussig, zartbitter, mit Aromen von in Alkohol getränkter Bitterschokolade

SCHWARZER PIRAT, SINGLE CASK
MALT WHISKY (40 VOL.-%, FASS 2, 1998)

Farbe	Rotbraun
Klarheit	Blank, kein Bodensatz
Geruch	Typisch, rein, sauber, kein Fremdgeruch, leicht malzig, leicht süßlich
Geschmack	Typisch, rein, sauber, kein Fremdgeschmack, rund, harmonisch im NT

Gesamtbeurteilung

Sehr runder, harmonischer, im AT und Abgang gut strukturierter Malt Whisky

Verbale Beurteilung *(Team „Kochen & Küche")*

Malzig, süß mit Aromen von Bittermandeln, cremig und mild

GRÜNER HUND, SINGLE CASK
MALT WHISKY (40 Vol.-%, Fass 3, 1996)

Farbe   Dunkelbraun
Klarheit   Blank, kein Bodensatz
Geruch   Typisch, rein, sauber, kein Fremdgeruch„ leicht malzig
Geschmack   Typisch, rein, sauber, kein Fremdgeschmack, rund, leicht malzig im NT

Gesamtbeurteilung
Sauberer malziger Whisky

Verbale Beurteilung
Ausgewogener runder angenehmer Malt Whisky

SPINNAKER, SINGLE CASK MALT WHISKY (40 Vol.-%, Fass 1, 2001)

Farbe   Rotbraun
Klarheit   Blank, kein Bodensatz
Geruch   Typisch, rein, sauber, kein Fremdgeruch, malzig, rund
Geschmack   Typisch, rein, sauber, kein Fremdgeschmack, malzig, vollmundig, rund, ausgewogen

Gesamtbeurteilung
Typischer runder ausgewogener Malt Whisky, malzig, eleganter AT und NT

Verbale Beurteilung *(Team „Kochen & Küche")*
Malzige Süße, leichte Bittertöne, etwas Gerbsäure

SONSTIGE BRENNEREIBETRIEBE IN DEUTSCHLAND, DIE SICH MIT DER HERSTELLUNG VON WHISKY BEFASSEN ODER BEFASSTEN

Die Brennerei Holger Höhler in Aarbergen, die Bellerhofbrennerei in Owen, die Bosch-Edelbrand-Brennerei in Lenningen, die Korn-Brennerei Zaiser in Köngen, die Tessin´sche Gutsverwaltung in Tübingen-Kilchberg, die Edelbrennerei Bischof in Wattmannsroth, die Birkenhofbrennerei in Nistertal sowie die AV-Brennerei Andreas Vallendar in Wincheringen, die Birkenhofbrennerei in Nistertal, die Privatbrennerei Sonnenschein in Witten-Heven, die Hammerschmiede-Brennerei in Zorge und letztlich die Mönchguter Hofbrennerei „Zur Strandburg" auf Rügen reagierten nicht auf das Anschreiben des Verlages oder lehnten am Telefon eine Teilnahme aus Geheimhaltungsgründen ab.

Wir hoffen sehr, dass sich beim nächsten Führer mehr Betriebe daran beteiligen werden, um dem Thema „Whisky" noch mehr Publicity in allen Regionen Deutschlands zu verleihen und das Wissen um die Whisky-Herstellung einer breiten Bevölkerungsschicht noch näher zu bringen.

ÖSTERREICHISCHE BETRIEBE

**Spezialitätenbrennerei
Kurt Lagler**

Österreich
Burgenland
A-7543 Kukmirn
Hotelgasse 2
T: +43-3328-32003
T: +43-3328-32003-40
M: +43-664-8032011
www.lagler.cc
info@lagler.cc

Ansprechpartner
Frau Ute Lagler,
Frau Andrea Sam

BRENNEREI LAGLER

GESCHICHTE UND BETRIEBSBESCHREIBUNG

In den letzten 15 bis 20 Jahren hat sich der kleine burgenländische Ort Kukmirn rasant weiterentwickelt. Das ehemalige kleine Apfeldorf ist heute mit über 300 ha Obstanbaufläche die größte Obstbaugemeinde des Burgenlandes. Über 30 Obstbrennereien haben dem Ort den Namen „Brennendes Dorf" verliehen.

Wesentlichen Anteil am Bekanntheitsgrad des Ortes Kukmirn hat die Familie Lagler. Aus einem kleinen Obsthof mit einer Obstabfindungsbrennerei haben Ute und Kurt Lagler ein Brennerei-, Wellness- und Seminarhotel gemacht, dessen vielfältige Einrichtungen gern genutzt werden. Aus der ehemaligen Abfindungsbrennerei ist mittlerweile eine Verschlussbrennerei geworden. Kurt Lagler war stets innovativ tätig. So wurde am 26. Juni 2009 die erste *Vakuum-Brennerei* in Betrieb genommen.

Diese Technologie der Niedertemperatur-Destillation erlaubt eine Destillation bei 38-40 °C, anstatt wie bisher bei 80 bis 85 °C. Bei der langen Kochzeit des Feinbrandes von zwei bis drei Stunden pro Kesselfüllung werden eine Menge wertvoller Geschmacksstoffe teilweise geschädigt, verkocht oder ganz zerstört. Gerade bei aromaempfindlichen Obstsorten ist dieses Verfahren ein enormer Vorteil. Bei der Obstbrennerei lässt sich diese Technologie einwandfrei einsetzen.

Bei der Getreideverarbeitung und der Whisky-Erzeugung jedoch kann konventionell destilliert werden, da das Bukett dieser Brände wuchtiger und weniger fragil als bei empfindlichen Obstbränden ist.

TECHNOLOGIE

Das Thema *Whisky-Herstellung* kam zuerst bei einer Diskussion mit der „LAVA Bräu Vulkanland Braumanufaktur" zur Sprache. Hierbei wurde klar erkannt, dass zur Herstellung eines Malzwhiskys eine Brauerei eindeutig die besseren Voraussetzungen hat, vor allem was die Erzeugung eines destillierbaren Rohstoffes (vergorene Würze oder vergorene Maische) betrifft. Aus diesem Grund wurde eine Kooperation in Sachen Malzwhisky beschlossen. LAVA Bräu liefert den vergorenen Rohstoff und Lagler destilliert diesen Rohstoff traditionell im Rohbrand-/Feinbrand-Verfahren. Der Ausbau des Destillates oder einfacher ausgedrückt, die Lagerung der Destillate, erfolgte sinnvollerweise ebenfalls bei Lagler.

Die neu erbaute Zwillingsanlage mit zwei 350-l-Brennblasen kann sowohl mit dem klassischen Rohbrand-/Feinbrand-Verfahren arbeiten wie auch als Kolonnenbrennerei genutzt werden. Beim Kolonnenbrennen wird in der Regel nur einmal gebrannt, d.h., aus dem vergorenen Rohstoff (Würze oder Maische) wird direkt in einem Arbeitsgang ein Feinbrand erzeugt. Man kann sich also das Rohbrennen ersparen. Dies ist jedoch nicht so einfach, wie es klingt. Der Brenner braucht großes Fingerspitzengefühl und große Erfahrung für diese Arbeitsweise. Sowohl beim klassischen Pot-Still-Verfahren, wie auch beim Einsatz eines Kolonnen-Verfahrens können die vorhandenen Verstärkerböden variabel eingesetzt werden. Darüber hinaus kann ein Dephlegmator zwischengeschaltet werden.

Die neue Anlage ist eine Wasserbadbrennerei und alle wichtigen Teile wurden aus Kupfer gefertigt. Die erzeugten Destillate werden unverdünnt in gebrauchte Eichenholzfässer gefüllt und gelagert. Welche Eiche verwendet wird, wie das Holz vorbehandelt (getoastet oder ausgebrannt) wurde und wie lange das Destillat im Holzfass gelagert wird, ist Betriebsgeheimnis.

Neben der Erzeugung eines Malt Whiskys für die Firma LAVA Bräu, erzeugt Lagler vom Rohstoff bis zum Fertigprodukt auch eigene Getreidebrände, die er vorläufig noch nicht als Whisky bezeichnen will. Es gibt einen **Pannonia Blend** mit **38,5 Vol.-%,** fassgelagert, einen **Best Korn-Burgenland** mit **43 Vol.-%,** fassgelagert, und einen **Pannonia Korn Malt** mit **40 Vol.-%,** ebenfalls fassgelagert.

Als Schüttung für diese Getreidebrände dient ein Gemisch aus Roggen, Weizen, Gerste und Dinkel. Zur Verzuckerung der Rohfruchtstärke dient Gerstenmalz, für eine Sorte werden auch technische Enzyme eingesetzt.

Zur Aromatisierung wird eine kleine Menge Rauchmalz verwendet. Auch durch Einsatz von getoasteten Fässern wird versucht, etwas Aroma in das Destillat zu bringen.

Zum Einmaischen wird örtliches Quellwasser verwendet, zum Einstellen auf Trinkstärke entmineralisiertes Wasser.

Man kann schon gespannt sein, welche Neuerungen wir uns in Zukunft aus dem Hause Lagler erwarten können.

Whiskylager der Brennerei Lagler (links) Inmitten der Obstgärten des Südburgenlandes liegt die Brennerei Lagler (rechts)

LAGLER PANNONIA KORN MALT (40 Vol.-%)

Farbe　　　Gelbbraun
Klarheit　　Blank, kein Bodensatz
Geruch　　 Rein, sauber, malzig, kein Fremdgeruch
Geschmack Rein, sauber, kein Fremdgeschmack, im NT starker Holzton

Gesamtbeurteilung
Reines, sauberes Produkt, die Holznote im Abgang ist sehr stark betont.
Ein Whisky für Liebhaber.

Verbale Beurteilung *(Team „Kochen & Küche")*
Eleganter Whisky, dicht, beständig, mit Nuancen von Röstkaffee und karamelliger Süße, leichte Schärfe im NT.

LAGLER BEST KORN BURGENLAND (43 Vol.-%)

Farbe　　　Gelbbraun
Klarheit　　Blank, kein Bodensatz
Geruch　　 Rein, sauber, fruchtig, kein Fremdgeruch
Geschmack Rein, sauber, kein Fremdgeschmack, im NT starker Holzton

Gesamtbeurteilung
Ein sauberer Grain mit starker Holzbetonung im Abgang

Verbale Beurteilung *(Team „Kochen & Küche")*
Würzig erfrischend, kraftvoll dominant, schöne brotige und toastige Note,
anhaltend, mit leichtem Holzton

LAGLER PANNONIA BLEND (38,5 Vol.-%)

Farbe　　　Gelbbraun
Klarheit　　Blank, kein Bodensatz
Geruch　　 Rein, sauber, fruchtig, kein Fremdgeruch
Geschmack Rein, sauber, kein Fremdgeschmack, im Abgang starker
　　　　　　 Holzton

Gesamtbeurteilung
Ein sauberer Whisky mit ausgeprägter Holzbetonung im Abgang. Ein
Blend für Liebhaber

Verbale Beurteilung *(Team „Kochen & Küche")*
Fein und mild in der Nase, dezenter Korngeschmack am Gaumen, angenehm mild, fein rauchig, mit leichten Kaffeetönen

LAVA BRÄU

GESCHICHTE UND BETRIEBSBESCHREIBUNG

2002 wurde in Auersbach im Steirischen Vulkanland eine kleine Brauwerkstatt errichtet. Das Bestreben der Betreiber war es zunächst, den „Bierhimmel" mit neuen kreativen Produkten zu bereichern und den Einheitsbieren der Großbrauereien den Kampf anzusagen. Nahezu jedes Jahr wurden neue Bierkreationen auf den Markt gebracht. Die letzte Innovation sind drei fruchtig-malzig schmeckende Gebräue, abgefüllt in einer 0,75-l-Bordeaux-Flasche.

Bereits 2003 wurde die Herstellung von Malzwhisky diskutiert. Da keine Destillationsanlage existierte und auch keine Erfahrung auf diesem Gebiet vorlag, entstand die Idee, mit einer etablierten Brennerei zusammenzuarbeiten. Aufgrund dieser Überlegungen kam es zu einer Kooperation mit der Brennerei Lagler.

Für die Erzeugung des vergorenen Rohstoffes wurden völlig neue und unkonventionelle Wege beschritten. Dies galt auch für die Auswahl der Destillationsmethoden bei der Brennerei Lagler.

Es ist geplant, jedes Jahr einen neuen Single Malt Whisky zu erzeugen, mit einer Mindestlagerzeit von drei Jahren. Das erste Destillat wurde 2003 erzeugt, gefolgt von einem Produkt aus dem Jahre 2005. Das letzte Destillat stammt aus dem Jahre 2009.

Da die Kunst des Bierbrauens eng mit der Kunst der Malzwhisky-Erzeugung verwoben ist, wurde für den Single Malt ein entsprechender Name gewählt. Das Produkt nennt sich Brisky. Der aus Eichenholz bestehende Flaschenverschluss ist ein Schraubverschluss und soll ebenfalls eine Verbindung zum Flascheninhalt, dem Lava Bräu Single Malt Eiche, herstellen.

TECHNOLOGIE

In der aus Edelstahl gefertigten Kleinbrauerei werden Sude mit einer Ausschlagmenge von 500 Litern hergestellt. Die Hauptkomponente der Schüttung ist ein helles Pilsener Gerstenbraumalz, ergänzt durch kleine Mengen dunkles Münchner Gerstenmalz und etwas Rauchmalz.

Als Maischverfahren wurde ein Infusionsverfahren gewählt, das es gestattet, die einzelnen Schritte der Verzuckerungsarbeit exakt und reproduzierbar einzuhalten. Für die Whisky-Her-

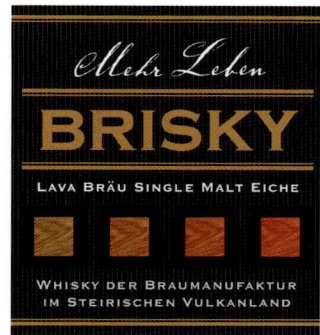

Lava Bräu Vulkanland Braumanufaktur

Österreich
Steiermark
A-8330 Feldbach
Auersbach 130
T: +43-3152-8575-300
F: +43-3152-8575-305
www.lavabraeu.at
www.meisterstrasse.at
lava@imzentrum.at
office@lavabraeu.at

Ansprechpartner
Dr. Christian Krotscheck und Braumeister Günter Schmidt

stellung wird ein Teil der Würze (= kurz und ohne Hopfen gekochte Pfanne voll Würze mit etwa 16 % Stammwürze) verwendet und ein Teil nicht abgeläuterte verzuckerte Maische. Beide werden vergoren und zwar nicht mit einer Hefe, sondern getrennt mit obergäriger und untergäriger Hefe. Dies bringt unterschiedliche Gärungsnebenprodukte und damit Aromen in den Destillationsrohstoff. Die vergorenen Maischen werden nun zur Brennerei gebracht und dort nach zwei Verfahren destilliert. Ein Teil der reifen Maische wird im klassischen Rohbrand-/Feinbrand-Verfahren verarbeitet und der andere Teil im Einmalverfahren (= Kolonnen-Verfahren) destilliert. Dadurch entstehen zwei deutlich unterschiedliche Destillate, die anschießend in einem bestimmten Verhältnis gemischt werden und dann in getoasteten Eichenholzfässern den Lagerprozess beginnen. Es werden französische und einheimische Eichenhölzer verwendet.

Der **Brisky** erhält also sein Aroma und Bukett aus der Malzmischung, den unterschiedlichen süßen Maischen vor der Vergärung, den unterschiedlichen Hefen, den unterschiedlichen Destillationsmethoden und den Holzinhaltsstoffen bei der Fasslagerung.

Dieser Whisky unterscheidet sich in seinen Herstellungsmethoden deutlich von allen anderen überprüften Getreidebränden.

Für den Brauprozess wird entsprechend aufbereitetes Wasser aus den heimischen Trinkwasservorräten verwendet.

LAVA BRÄU, BRISKY EDELMALZ (40 VOL.-%, 2003)

Farbe	Gelbbraun
Klarheit	Blank, kein Bodensatz
Geruch	Rein, sauber, kein Fremdgeruch, leicht malzig
Geschmack	Rein, sauber, kein Fremdgeschmack, leicht süß im NT

Gesamtbeurteilung

Rein, sauber, leichte Süße im Abgang, wenig malzig im Abgang.

Verbale Beurteilung

Kaum malzige Note im Abgang, milder Whisky.

LAVA BRÄU, BRISKY EDELMALZ (40 Vol.-%, 2006)

Farbe	Gelbbraun
Klarheit	Unfiltriert, fast blank, kein Bodensatz
Geruch	Rein, sauber, kein Fremdgeruch, malzig
Geschmack	Rein, sauber, kein Fremdgeschmack, malzig, leicht süß im AT

Gesamtbeurteilung

Milder, im NT leicht trockener Whisky, keine störenden Holztöne

Verbale Beurteilung

Ausgeglichener leichter Whisky mit dezentem Malzton

LAVA BRÄU, BRISKY EDELMALZ (40 Vol.-%, 2007)

Farbe	Gelblich
Klarheit	Blank, kein Bodensatz
Geruch	Rein, sauber, rund, malzig, kein Fremdgeruch
Geschmack	Rein, sauber, leicht süßlich im AT, leicht trocken in NT

Gesamtbeurteilung

Schwach malzbetonter, aber im AT leicht süßlicher Whisky.
Sehr rundes Produkt mit trockenem Abgang

Verbale Beurteilung *(Team „Kochen & Küche")*

Ein Whisky mit zartem Vanillearoma und fruchtiger Malznote

LEBE & GENIESSE

„Bodding-Lokn"
Langenrohrer Whisky
Single Malt
ungefiltert
0,5Liter abgefüllt in Langenrohr
Österreich 42% vol

**Langenrohrer
Erlebnisbrauerei
Edelbrand und
Genusskooperation**

Österreich
Niederösterreich
A-3442 Langenrohr
Josef Reitherstraße 18 und
Tullnerstraße 13
T: +43-2272-7444
M: +43-664-9127364
    +43-664-4620554
www.lebe-geniesse.com
office@lebe-geniesse.com

Ansprechpartner
Ingrid und Franz Brenners und
Ute und Gerd Majans

LANGENROHRER ERLEBNISBRAUEREI BRAU- & WHISKYMANUFAKTUR

GESCHICHTE UND BETRIEBSBESCHREIBUNG

Im Jahr 2005 wurde im Rahmen eines Heurigenbesuches von vier Enthusiasten die Idee geboren, in Verbindung mit einer Hausbrauerei auch eine Malt-Whisky-Brennerei zu gründen. Die Idee einer Symbiose war geboren und ließ die vier nicht mehr los.

Die Familie Brenner (Ingrid und Franz) erhielten den Part „Brennerei" und die Familie Majan (Ute und Gerd) „Brauerei". Die Firma „Lebe und Genieße" wurde gegründet und nach diversen Umbauarbeiten des Vier-Kant-Hofes in Langenrohr bei Tulln wurde eine Hausbrauerei gebaut und eine Brennblase installiert.

Ein kleines Sudhaus mit einer Ausschlagmenge von 110 Litern wurde aufgestellt und eine Brennblase mit 120 Litern Fassungsvermögen zur Herstellung von Rohbrand und Feinbrand installiert. Sudhaus und Brenngerät sind traditionell aus Kupfer gefertigt.

2008 wurde der erste Malt Whisky gebrannt. Da Whisky mindestens drei Jahre lagern muss, ist natürlich noch kein fertiger Whisky im Verkauf. Ein junger Whisky, der „Young Spirit" genannt wird, kann verkostet und vorbestellt werden.

TECHNOLOGIE

Für den Brauprozess wird ein Gemisch von hellem und dunklem Gerstenmalz verwendet. Das Malz wird mit einer Schlägermühle geschrotet und anschließend mit einem Infusions-Verfahren gemaischt. Die Einmaischtemperatur beträgt 50 °C, die Verzuckerungstemperaturen liegen bei 62 °C und 72 °C. Zum Einmaischen wird das örtliche Trinkwasser verwendet. Der Maischprozess dauert etwa drei Stunden. Wenn die Maische jodnormal ist, wird abgeläutert. Nach einer kurzen Würzekochzeit von 10 bis 15 Minuten ohne Hopfen wird die Würze auf ca. 18 °C Anstelltemperatur abgekühlt. Die Stammwürze beträgt ca. 18 %.

Es wird mit obergäriger Trockenhefe angestellt. Hefegabe: 40 g/hl. Die Gärdauer liegt bei 96 bis 120 Stunden.

Anschließend wird das nach dem Würzeverfahren hergestellte, vergorene Jungbier auf einer Pot-Still-Anlage (120-Liter-Blase) zweimal gebrannt. Die Anlage besitzt keine Verstärkerböden, jedoch einen Dephlegmator, der beim Feinbrand eingesetzt wird. Die Mittellaufkonzentration beträgt etwa 80 Vol.-%.

Anschließend wird das Destillat in Holzfässern aus getoasteter französischer Eiche gelagert. Die Verweilzeit im Holzfass muss laufend sensorisch überprüft werden. Die gesamte Lagerzeit muss mindestens drei Jahre betragen. Es ist geplant, die Fertigware in 0,2-, 0,35- und 0,5-Liter-Flaschen abzufüllen. Die erste Abfüllung ist für den Frühsommer 2011 geplant.

Auch Versuche mit Weizen- und Rauchmalzverwendung sind vorgesehen. Die Betreiber der Firma „Lebe und Genieße" sind überzeugt, mit dem gewählten Produktionsschema den richtigen Weg zur Erzeugung eines Singe Malt Whiskys gewählt zu haben. Die Betriebsform einer Brau- und Destillationsmanufaktur gewährt unendlichen Spielraum für innovative Versuche aller Art.

LANGENROHRER MALT-WHISKY, SINGLE MALT (42 VOL.-%, 2008)

Farbe	Gelbbraun
Klarheit	Blank, kein Bodensatz
Geruch	Rein, sauber, kein Fremdgeruch, unrund, scharf (Alkohol), noch jung
Geschmack	Rein, sauber, kein Fremdgeschmack, leichte malzige Süße im AT, leichte Schärfe im NT, keine störende Holznote im NT, einfach noch zu jung

Gesamtbeurteilung

Sehr schönes Potential, zu jung, benötigt noch längere Lagerzeit

Verbale Beurteilung

Wir gratulieren zu dem Mut, einen noch sehr jungen und noch nicht ausgereiften Whisky bewerten zu lassen. Sie sind auf gutem Weg. Für die weitere Lagerung wird eine sensorische Begleitung empfohlen, um den Einfluss eines zu starken Holztones rechtzeitig zu erkennen. Maischarbeit, Gärung und Destillation wurden tadellos durchgeführt. Es konnten keinerlei davon stammende Geruchs- und Geschmacksfehler festgestellt werden.

Brennmeister Franz Brenner in seinem „Reich" (links)
Im Keller der Majans' (rechts)

**Destillerie Weidenauer
(Frucht-und Getreide-
werkstatt)**

Österreich
Oberösterreich
A-3623 Kottes
Leopolds 6
T: +43-2873-7276
F: +43-2873-7276-4
M: +43-676-7548191
www.weidenauer.at
info@weidenauer.at

Ansprechpartner
Ing. Oswald Weidenauer

DESTILLERIE WEIDENAUER

GESCHICHTE UND BETRIEBSBESCHREIBUNG

1838 wurde das Anwesen der Familie Weidenauer erstmalig urkundlich erwähnt. In der Abfindungsbrennerei wurden zuerst verschiedene Obstbrände hergestellt. Im Zuge der Adaptierung des ehemaligen Rinderstalles und der Restaurierung des alten Gurtengewölbes wurde 1997 auch eine neue 150-Liter-Wasserbadbrennerei aus Kupfer aufgestellt. Die Anlage besitzt einen Dephlegmator, jedoch keine Verstärkerböden. Nach langen Verhandlungen mit der Finanz- und Zollbehörde konnte schließlich erreicht werden, neben Obst auch Getreide brennen zu dürfen.

Ab 1997 wurde Getreide gebrannt. Die Idee, einen Whisky herzustellen, kam relativ bald. Vorbild waren die schottischen Grain Whiskys. Begonnen wurde mit Hafer (etwa 2002) dann folgte die Verarbeitung von Dinkel. Interesse und Faszination waren die Hauptgründe, warum sich Herr Weidenauer sehr intensiv mit dem Thema beschäftigte. Es war von vornherein klar, dass eine Imitation schottischer Whiskys unmöglich war. Es konnte nur eigenständige Ware hergestellt werden, und zwar mit dem zur Verfügung stehenden Rohmaterial und der verfügbaren technischen Einrichtung.

Die Idee, neben Rohfruchtwhisky aus Hafer und Dinkel auch Malt Whisky aus Hafer und Dinkel herzustellen, war eine logische Folge des innovativen Brenners. Eine Mälzerei, die aus Hafer und Dinkel Malz herstellt, wurde gefunden, so dass einer Produktion nichts mehr im Wege stand. Da die Verarbeitung von Hafer/Hafermalz und von Dinkel/Dinkelmalz technisch nicht so einfach ist, kam es zu einigen Umdenkprozessen in der Arbeitsweise und zu neuen Erfahrungen. Derzeit werden fünf verschiedene Whiskys hergestellt

Zum Sortiment gehören: **Haferwhisky, Hafermalzwhisky, Hafer Single Malt Whisky, Dinkelwhisky** und **Dinkelmalzwhisky**.

TECHNOLOGIE

Zur Herstellung der Rohfruchtwhiskys aus Hafer und Dinkel (Grain Whiskys) wird das Getreide thermisch behandelt, anschließend gequetscht und heiß eingemaischt. Nach diesem thermischen Stärkeaufschluss folgt die enzymatische Stärkeverzuckerung. Mit Hilfe technischer Enzympräparate wird bei 75 °C und 55 °C im fallenden Maischverfahren die Rohfruchtstärke verzuckert. Zusätzlich wird noch helles Gerstenmalz als

Verzuckerungsmittel eingesetzt. Die Anstelltemperatur liegt bei 20 °C. Als Hefe wird eine obergärige Hefe verwendet (Press-Hefe). Die Gärung dauert drei bis fünf Tage, wobei die Temperaturen bis auf 30 °C steigen können. Nach beendeter Gärung wird die reife Maische auf der Pot-Still-Anlage nach dem Rohbrand/Feinbrand-Verfahren destilliert. Die Mittellaufkonzentration liegt bei 82–83 Vol.-%.

Das Destillat wird in Eichenholzfässer aus heimischer Eiche gefüllt und lagert dort unterschiedlich lange. Die Gesamtlagerzeit beträgt mindestens drei Jahre, aber auch länger.

Die Herstellung von Hafermalzwhisky und Dinkelmalzwhisky verläuft technisch ganz anders.

Als Verzuckerungsmittel wird zusätzlich noch helles Gerstenmalz eingesetzt. Das Maischverfahren betont die Verzuckerungstemperaturen von 60 bis 65 °C und von 72 bis 75 °C. Wichtig ist eine möglichst feine Schrotung der Malze vor Beginn des Einmaischens.

Die Anstelltemperatur liegt wiederum bei etwa 20 °C. Nach drei bis fünf Tagen ist die Gärung beendet. Die Destillation der reifen Maischen erfolgt nach dem Pot-Still-Verfahren in der Brennblase. Hierin unterscheiden sich die Weidenauer Produkte deutlich von den schottischen Grain Whiskys, die im Kolonnen-Verfahren destilliert werden. Die Lagerung der hochprozentigen Destillate erfolgt in Holzfässern aus heimischer Eiche. Die Gesamtlagerzeit beträgt mindestens drei Jahre.

Die Alkoholkonzentration der Verkaufsware liegt einheitlich bei 42 Vol.-%.

Die Brennerei im ehemaligen Kuhstall

WEIDENAUER HAFERWHISKY (42 Vol.-%)

Farbe	Gelbbraun
Klarheit	Blank, kein Bodensatz
Geruch	Typisch, rein, sauber, kein Fremdgeruch, fruchtig
Geschmack	Typisch, rein, sauber, kein Fremdgeschmack, fruchtig, kein störender Holzton

Gesamtbeurteilung
Typischer sauberer und reintöniger Haferwhisky.
Ein sehr schönes Beispiel für einen Hafer-Grain

WEIDENAUER HAFERMALZWHISKY (42 Vol.-%)

Farbe	Braungelb
Klarheit	Blank, kein Bodensatz
Geruch	Typisch, rein, sauber, kein Fremdgeruch, leicht fruchtig
Geschmack	Typisch, rein, sauber, kein Fremdgeschmack, leicht fruchtig

Gesamtbeurteilung
Typischer Hafermalzwhisky, sehr charakteristisch.
Ein seltener Hafermalzwhisky von sehr ansprechender Qualität

WEIDENAUER SINGLE MALT WHISKY AUS HAFERMALZ (42 VOL.-%)

Farbe	Gelbbraun
Klarheit	Blank, kein Bodensatz
Geruch	Typisch, rein, sauber, kein Fremdgeruch, leicht fruchtig
Geschmack	Typisch, sauber, jedoch leicht erdiger Geschmack, sonst kein Fremdgeschmack

Gesamtbeurteilung

Typischer Hafermalzwhisky mit Rohstoff- oder Fassfehler.
Trotz des Geschmacksfehlers ein gut erkennbarer Hafermalzwhisky

WEIDENAUER DINKELMALZWHISKY (42 VOL.-%)

Farbe	Gelbbraun
Klarheit	Blank, kein Bodensatz
Geruch	Typisch, rein, sauber, kein Fremdgeruch, fruchtig
Geschmack	Typisch, rein, sauber, kein Fremdgeschmack, fruchtig

Gesamtbeurteilung

Typischer Vertreter eines Dinkelmalzwhiskys.
Ein sehr gutes Beispiel für eine derartige Spezialität

Das Whiskylager
über der Brennerei.

BRENNEREI REISETBAUER

GESCHICHTE UND BETRIEBSBESCHREIBUNG

Am Kirchdorfergut wird seit mehreren Generationen im Rahmen einer Abfindungsbrennerei Obst gebrannt. Es werden Kern-, Stein- und Beerenobstbrände erzeugt.

Der Schnapsbrenner des Jahres 1910, Hans Reisetbauer, wurde durch seine Obstbrände bekannt. Eine perfekte Obstqualität ist die Basis jedes Obstbrandes. Dies war und ist die Grundphilosophie des Hauses Reisetbauer. Tausende von Apfel- und Birnbäumen wachsen auf den Obstplantagen des Betriebes. 2005 wurde eine neue Zwetschgenplantage angelegt, 2007 folgte die erste Vogelbeeranlage des Mühlviertels.

Eine neue Verschlussbrennerei mit zwei kupfernen Brennblasen wurde angeschafft.

Das bisher praktizierte Qualitätsdenken wollte Reisetbauer natürlich auch bei der Whisky-Herstellung umsetzen. Seit Mitte der 1990er-Jahre beschäftigte er sich mit der Whisky-Erzeugung. Nach Bewältigung der Anfangsschwierigkeiten wurde wiederum eingemaischt, vergoren und anschließend destilliert. 1996 wurde der erste Single Malt Whisky destilliert und verschwand für viele Jahre in Holzfässern. Seitdem gibt es Jahrgangswhiskys.

Derzeit können ein 7-jähriger, ein 12-jähriger und ein 15-jähriger Single Malt Whisky angeboten werden.

Die Single Malts von Reisetbauer werden nicht verschnitten, sondern stammen aus einem einzigen Destillat. Es gibt Whisky mit 56 Vol.-% und Whisky mit 43 Vol.-%.

Die Whiskys des Hauses Reisetbauer sind alle sehr holzbetont und für einen großen Liebhaberkreis hergestellt worden. Dadurch unterscheidet sich der Reisetbauer–Whisky deutlich von anderen milderen und malzbetonten Varianten.

Jeder Betrieb hat seine eigene Philosophie entwickelt und wird damit seine Liebhaber finden und ansprechen.

Reisetbauer Qualitäts-brand GmbH

Österreich
Oberösterreich
A-4062 Kirchberg-Thening
Axberg, Zum Kirchdorfergut 1
T: +43-7221-63690
F: +43-7221-63690-14
M: +43-664-2005347
www.reisetbauer.at
office@reisetbauer.at

Ansprechpartner
Herr Reisetbauer

TECHNOLOGIE

Der Rohstoff für die Single Malts ist helles Braumalz aus österreichischer Sommergerste. Das Malz wird mit einer Schlägermühle fein geschrotet. Der Maischprozess und die entsprechenden Temperaturen sowie alles, was damit zusammenhängt, ist Betriebsgeheimnis und wird nicht bekannt gegeben.

Dies betrifft auch die Gärung und die verwendete Hefe. Die reife, also die vergorene, Maische wird anschließend in den beiden 300-Liter-Brennblasen nach dem Rohbrand-/Feinbrand-Verfahren destilliert. Die Brennblasen sind mit einem Dephlegmator ausgerüstet.

Der Mittellauf besitzt eine Konzentration von 70-72 Vol.-%. Im Gegensatz zu irischen oder schottischen Whiskys, die vielfach in gebrauchten Sherry-, Portwein- oder Bourbon-Fässern gelagert werden, wird das oberösterreichische Destillat in gebrauchte Chardonnay-Fässer oder TBA-Fässer gefüllt, also in Fässer, in welchen vorher Beerenauslesen oder Trockenbeerenauslesen gelagert worden waren. Die Mindestlagerzeit bei Reisetbauer beträgt sechs Jahre.

Zum Maischen wird Quellwasser verwendet, zum Einstellen auf Trinkstärke entmineralisiertes Wasser.

REISETBAUER, SINGLE MALT (56 VOL.-%, 1998)

Farbe	Hellgelb
Klarheit	Blank, kein Bodensatz
Geruch	Scharf (Alkohol) im unverdünnten Zustand, in verdünnter Form dann rein und sauber, kein Fremdgeruch
Geschmack	Verdünnt kein Holzton, kein Fremdgeschmack, jedoch fast kein Malzton

Gesamtbeurteilung

Scharf in der Nase im unverdünnten Zustand, die Lagerparameter sollten überprüft werden, ebenso die Maischarbeit.
Ein Whisky der ersten Stunde, daher kräftiger Holzton in der Fasskonzentration, in unverdünnter Form etwas für Liebhaber

REISETBAUER, SINGLE MALT, 7 JAHRE GELAGERT (43 VOL.-%)

Farbe	Gelbbraun
Klarheit	Blank, kein Bodensatz
Geruch	Rein, sauber, kein Fremdgeruch, deutlicher Holzton im NT
Geschmack	Rein, sauber, kein Fremdgeschmack, leichte Süße im NT, deutlicher Holzton im NT

Gesamtbeurteilung

Der Holzton überwiegt die Malznote.
Ein kräftiger Malzwhisky mit starker Holznote im Abgang, für Liebhaber

Verbale Beurteilung *(Team „Kochen & Küche")*

Whisky mit hellen Röstaromen, die an Haselnuss erinnern, angenehme Getreidearomen, dezent rauchig mit feiner Würze

REISETBAUER, SINGLE MALT, 12 JAHRE GELAGERT (48 VOL.-%)

Farbe	Hellbraun
Klarheit	Blank, kein Bodensatz
Geruch	Rein, sauber, kein Fremdgeruch, leichter Holzton
Geschmack	Rein, sauber, kein Fremdgeschmack, deutlicher Holzton im NT, langer Abgang mit Holzton

Gesamtbeurteilung

Ein Whisky für Liebhaber mit dominierender Holznote

Verbale Beurteilung *(Team „Kochen & Küche")*

Am Gaumen mit einer schokoladigen Kakaonote und sehr fruchtigem Malzaroma; trockener, süßer Charakter mit leicht rauchiger Note

**Whisky-Erlebniswelt
Johann Haider GmbH**

Österreich
Niederösterreich
A-3664 Roggenreith
Roggenreith 3
T: +43-2874-7496
F: +43-2874-60596
M: +43-676-9704372
www.whiskyerlebniswelt.at
haider@roggenhof.at

Ansprechpartner
Johann Haider, Monika Haider,
Jasmin Haider

Whisky-Erlebniswelt Johann Haider GmbH

Geschichte und Betriebsbeschreibung

Der Waldviertler Roggenhof von Johann Haider ist, seiner Auskunft nach, die 1. Whisky-Brennerei Österreichs. Seit 1995 wird dort Whisky gebrannt.

Roggenreith ist ein kleines Dorf im Waldviertel und die Heimat des Waldviertler Whiskys. Seit Jahrhunderten wird dort Roggen angebaut – daher auch der Name des Dorfes. Roggen diente seit Urzeiten nur zur Brotherstellung, bis man auf die Idee kam, aus Roggen oder Roggenmalz „flüssiges Brot" herzustellen. In der Stiftsbrauerei Aigen-Schlägl im Mühlviertel wird für Liebhaber heute ein süffiges Roggenbier gebraut. Johann Haider ging noch einen Schritt weiter und hatte die Idee, in Anlehnung an den amerikanischen Rye Whisky aus heimischem Roggen einen Whisky zu brennen. Die Idee wurde in die Tat umgesetzt und seit 1995 wird dort Roggenwhisky aus Rohfrucht erzeugt.

Wenig später kam ein neues Produkt dazu. Aus Roggenmalz wurde ein Roggenmalzwhisky hergestellt, der als Pure Rye Malt Whisky bezeichnet wird.

Eine weitere Spezialität ist ein Roggenmalzwhisky mit der Zusatzbezeichnung „Nougat". Hier wird speziell intensiv abgedarrtes Roggenmalz verwendet, das dem Destillat eine spezifische schokoladige Nougatnote verleihen kann.

Eine vierte Spezialität rundet dann das Whisky-Sortiment ab: ein Gerstenmalzwhisky, mit der Zusatzbezeichnung „Karamell". Der Rohstoff für diese Spezialität ist Gerstendarrmalz, das im Abdarrgrad zwischen Karamellmalz und Röstmalz liegt. Diese Spezialität wird aus 100 % Spezial-Karamell-Malz hergestellt. Es gibt aber auch einen Single Malt Whisky, hergestellt aus 100 % normal abgedarrtem Gerstenbraumalz.

Eine weitere Philosophie des Hauses Haider ist, dass alle Roh- und Hilfsstoffe aus dem heimatlichen Waldviertel stammen müssen. Gerste und Roggen für die Malzherstellung, Wasser für die Maischarbeit, Torf für die geplante Erzeugung von Rauchmalz und das Holz für die Fassherstellung aus dem Holz der Mannhartsberger Sommereiche.

Als zusätzliche Besonderheiten sollen noch erwähnt werden: Ein Roggenwhisky-Likör, ein Bierbrand im Holzfass gelagert, genannt Beersky, und ein White Whisky, ein Roggenmalz Edelbrand, der nicht im Holzfass gelagert wird, also klar und farblos ist, runden die Palette der Getreidebrände ab.

TECHNOLOGIE

Schroten und Maischen geschieht im Brennraum. Für die Maischarbeit stehen eigene Maischetanks mit einem Fassungsvermögen von 6.000 Litern zur Verfügung. Darin wird aus Schrot und Wasser eine Maische angerührt. Mit Hilfe der malzeigenen Enzyme und unter Einhaltung bestimmter Temperaturen wird die Stärke verflüssigt und verzuckert. Anstelltemperatur, Hefegabe und Gärschema sind ebenso Betriebsgeheimnis wie das Maischschema für die einzelnen Whiskysorten.

Nach ca. drei bis vier Tagen Gärdauer erfolgt die Destillation der reifen Maische in zwei kupfernen Brennblasen mit Verstärkerböden und Dephlegmator. Die Anlagen arbeiten mit einem Siebbodenverfahren und werden nach dem Schema der Gegenstromdestillation betrieben.

Nach der Destillation wird das hochprozentige Destillat in neue Eichenholzfässer aus Mannhartsberger Sommereiche gefüllt und lagert dort mindestens drei Jahre. Diese Fässer werden nach der Entleerung für eine Zweitbefüllung wiederverwendet. Diesmal lagert das Destillat etwa sechs Jahre in den Fässern.

Vor einer dritten Befüllung werden die Fässer zerlegt, neu ausgehobelt und nach Art der amerikanischen Bourbon-Fassbehandlung wieder innen ausgebrannt.

Im Lagerraum sorgt ein Brunnen für die nötige Luftfeuchtigkeit, um die Verdunstungsverluste geringer und die Poren des Holzes kleiner zu halten. Auch die Lagertemperatur im Raum kann gesteuert werden.

Eine Auswahl der Haider'schen Whiskys.

Die Brennanlage der
Whisky-Erlebniswelt.

In der Regel wird der Whisky nach der Einstellung auf Trinkstärke (41 Vol.-% und 46 Vol.-%) filtriert und dann erst in Flaschen gefüllt. Es wird aber auch Whisky mit einer Lagerzeit von 12 Jahren und mehr angeboten. Ebenso sind Whiskys in Fassstärke zu erhalten, so genannte Jahrgangswhiskys, die eine Alkoholkonzentration von 50 bis 60 Vol.-% aufweisen. Diese Spezialabfüllungen werden als Single Barrels bezeichnet.

Wer sich für Einzelheiten der Whisky-Herstellung interessiert, kann diese im Rahmen einer Betriebsbesichtigung erkunden und erfragen. Die Waldviertler Whiskys sind eine völlig eigenständige Entwicklung und können auf keinen Fall als eine Nachahmung des amerikanischen Bourbon Whiskeys bezeichnet werden. Außer dem Rohstoff sind kaum Ähnlichkeiten mit dem amerikanischen Pendent zu entdecken.

HAIDER SINGLE MALT (41 VOL.-%)

Farbe	Braungelb
Klarheit	Blank, kein Bodensatz
Geruch	Rein, sauber, kein Fremdgeruch, leicht fruchtig
Geschmack	Rein, sauber, kein Fremdgeschmack, dezenter Holzton im NT, langer Abgang

Gesamtbeurteilung
Reiner, sauberer Whisky, eher schwache Malznote.
Ein Whisky für alle Tage

Verbale Beurteilung *(Team „Kochen & Küche")*
Leicht herb, malzige Karamellnote, vollmundig, leichter Holzton

HAIDER SINGLE MALT SELEKTION (46 VOL.-%)

Farbe	Hellbraun
Klarheit	Blank, kein Bodensatz
Geruch	Rein, sauber, kein Fremdgeruch, malzig
Geschmack	Rein, sauber, kein Fremdgeschmack, kaum malzig, jedoch starker Holzton im NT

Gesamtbeurteilung
Sehr reiner Malt, im Abgang jedoch starker Holzton.
Rein, geruchlich und geschmacklich schwach malzig, dafür deutlich holzbetont

HAIDER, SINGLE MALT KARAMELL (41 VOL.-%)

Farbe	Hellbraun
Klarheit	Blank, kein Bodensatz
Geruch	Rein, sauber, kein Fremdgeruch, leicht süßlich, leicht karamellartig

Geschmack Rein, sauber, kein Fremdgeschmack, leichte Karamellnote im NT, kein aufdringlicher Holzton im NT

Gesamtbeurteilung

Eine sehr ausgeglichene Spezialität, harmonisch. Beeindruckende Karamellnote im NT, ein Whisky für besondere Gelegenheiten

Verbale Beurteilung *(Team „Kochen & Küche")*

Rauchig und herb, sehr malzig mit exotischer Kaffee- und Karamellnote mit leichter Schärfe im NT

HAIDER SPEZIAL SINGLE MALT SELEKTION (46 Vol.-%)

Farbe	Hellbraun, Bernstein
Klarheit	Blank, kein Bodensatz
Geruch	Rein, sauber, kein Fremdgeruch, leicht malzig, leichte Schärfe im NT, leicht stechend
Geschmack	Rein, sauber, kein Fremdgeschmack, leicht süßlich im NT, leichte Holznote im NT

Gesamtbeurteilung

Die vorliegende Form ist mit 46 Vol.-% etwas unharmonisch, nach Verdünnung auf 40 Vol.-% rund und harmonisch.

Ein sehr gutes Beispiel, wie sich eine Verdünnung geruchlich und geschmacklich positiv auswirken kann.

HAIDER'S ORIGINAL RYE WHISKY (41 Vol.-%)

Farbe	Hellbraun
Klarheit	Blank, kein Bodensatz
Geruch	Typisch, rein, sauber, kein Fremdgeruch, fruchtig
Geschmack	Typisch, rein, sauber, kein Fremdgeschmack, kein störender Holzton im AT und NT

Gesamtbeurteilung

Typischer, sauberer und ausgeglichener Whisky aus der Rohfrucht Roggen. Ein typischer Rye Whisky.

Verbale Beurteilung *(Team „Kochen & Küche")*

Harmonisch ausgeglichener Whisky mit leichtem Vanilleton

HAIDER'S PURE RYE MALT WHISKY (41 Vol.-%)

Farbe	Hellbraun
Klarheit	Blank, kein Bodensatz
Geruch	Typisch, rein, sauber, kein Fremdgeruch
Geschmack	Typisch, rein, sauber, kein Fremdgeschmack, kein störender Holzton im NT

Gesamtbeurteilung

Ein typischer Rye Malt, sehr harmonisch und rund mit elegantem Abgang

Verbale Beurteilung *(Team „Kochen & Küche")*

Ein Whisky mit lieblich-süßer Honignote und zarten Vanillearomen, mild im NT

HAIDER'S SPEZIAL RYE MALT WHISKY (41 VOL.-%)

Farbe	Gelbbraun
Klarheit	Blank, kein Bodensatz
Geruch	Typisch, rein, sauber, kein Fremdgeruch, leicht süßlich, nougatartig
Geschmack	Typisch, rein, sauber, kein Fremdgeschmack, leicht süße Nougatnote

Gesamtbeurteilung

Ein typischer Rye Malt mit raffinierter Nougatnote.
Eine würdige Spezies der Roggenserie

Verbale Beurteilung *(Team „Kochen & Küche")*

Intensiv malzig mit schokoladiger Nougatnote, angenehm erdig im Geschmack mit leichtem Holzton

SONSTIGE BRENNEREIEN IN ÖSTERREICH, DIE SICH MIT DER WHISKY-ERZEUGUNG BEFASSEN

Die Brennereien Gölles (Riegersburg), Pfanner (Rankweil), Ortner (Bad Kleinkirchheim) und Kössler (Stanz) befassen sich dem Vernehmen nach ebenfalls mit der Erzeugung von Whisky. Diese Betriebe reagierten leider nicht auf das Schreiben des Verlages, so dass angenommen werden musste, dass sie entweder nicht am Whisky-Führer interessiert sind oder technisch und technologisch noch nicht so weit sind, mit ihren Produkten auf den Markt zu gehen. Aus diesen Gründen erfolgte keine Aufnahme in den Whisky-Führer 2011. Wir hoffen, dass sich bis zum Erscheinen der nächsten Auflage einige weitere Betriebe an diesem Werk beteiligen werden und können.

Die Betriebe sind in zufälliger Reihenfolge angeführt.
Diese hat somit keine Aussagekraft über die Qualität der Produkte.

Brauerei Locher AG

Schweiz
Appenzell
CH-9050 Appenzell
Industriestrasse 12 und
Brauereiplatz 1
T: +41-71-7880142
www.appenzeller.ch
www.säntisspirits.ch
k.locher@appenzellerbier.ch

Ansprechpartner
Karl Locher

BRAUEREI LOCHER AG

GESCHICHTE UND BETRIEBSBESCHREIBUNG

Die Brauerei Locher AG ist ein alter Familienbetrieb und besteht seit 1886. Das Stammhaus befindet sich in Appenzell. Seit über 120 Jahren werden heute bereits in der fünften Generation Biere und Spirituosen erzeugt.

Der Ausstoß der Brauerei liegt derzeit bei ca. 120.000 hl/a. Es werden obergärige und untergärige Biere erzeugt, abgefüllt in Einweg- und Mehrwegflaschen. Die Glasflaschen besitzen den nostalgischen Bügelverschluss und natürlich auch den modernen Kronenkorken. Daneben werden selbstverständlich auch Biere in Alu-Dosen und in Fässer bzw. Container gefüllt. Eine Besonderheit ist das Calvinus Bier, ein Weizenbier, das mit Koriander und Orangenschalen gewürzt wird. Ein obergäriges Balik Bier, als Barley Wine bezeichnet, ist ein Bockbier und wird mit Rauchmalz hergestellt.

Die Brauerei verwendet vorwiegend Bio-Rohstoffe in Form von Gerste und Hopfen aus der Schweiz. So, wie man auf die Naturbelassenheit der Rohstoffe großen Wert legt, verwendet man zur Herstellung traditionelle Methoden, obwohl die Brauereieinrichtung auf dem Stand der Technik ist.

TECHNOLOGIE

Als 1999 die Erzeugung von Spirituosen aus stärkehaltigen Rohstoffen erlaubt wurde, war die Brauerei Locher der erste Erzeuger von Whisky in der Schweiz und der *Säntis Malt* wurde geboren.

Die Brauerei Locher ist die einzige Brauerei in der Schweiz, welche die Symbiose Brauerei/Brennerei lebt und aus der hergestellten Würze den Whisky selbst brennt und herstellt.

Bereits fertiges Gerstenmalz wird in einem speziellen Prozess durch Räuchern mittels Torf aus einem Appenzeller Hochmoor zu Rauchmalz umgewandelt und zur Herstellung von Rauchmalzwürze als Basis für die Whisky-Herstellung verwendet. Dieses Rauchmalz wird für ganz bestimmte Whisky-Sorten verwendet.

Eine weitere Besonderheit ist die Verwendung von alten kleineren Lagerfässern und Biertransportfässern als Lagerbehälter für die Whisky-Destillate. Bierfässer aus Holz wurden aus heimischer Eiche hergestellt und früher fast nach jedem Umgang mit Braupech ausgepicht, um die Fässer leichter reinigen zu können und mikrobiologischen Kontaminationen vorzubeugen. Für die Lagerung der Destillate mussten die Fässer natürlich vorher entpicht, ausgehobelt und dann entsprechend getoastet werden.

Die Herstellung der Maische erfolgt nach dem Würzeverfahren. Die Gärung dauert acht bis zehn Tage und erfolgt nach dem Schema der Untergärung. Für bestimmte Whisky-Sorten wird auch eine Warmgärung und eine obergärige Hefe eingesetzt.

Die Destillation wird in Brennblasen nach dem Rohbrand-/Feinbrand-Verfahren durchgeführt. Verwendet werden Kupferblasen, die Beheizung erfolgt nach dem System einer Wasserbadbrennerei.

Bei speziellen Sorten wird – wie in irischen Brennereien – sogar dreimal destilliert.

Zum Einmaischen eines Whisky-Sudes wird Brauwasser der Brauerei verwendet, zum Einstellen auf Trinkstärke dient entmineralisiertes Wasser.

Im Verkauf sind derzeit drei Whisky-Sorten und ein Whisky-Likör:

Die **Edition „Säntis"** mit 40 Vol.-%, gereift in alten Bier-Eichenholz-Fässern

Die **Edition „Dreifaltigkeit"** mit 52 Vol.-%, gebraut mit Rauchmalz und Torfverwendung

Die **Edition „Sigel"** mit 40 Vol.-%, gereift in sehr kleinen Bier-Eichenholz-Fässern

Die **Edition „Marwees"** mit 18 Vol.-%, eine Mischung aus Sahne und Säntis-Malt.

Die Details der Herstellung werden streng geheim gehalten, können aber eventuell im Rahmen einer Führung erfragt werden.

LOCHER BRAUEREI, SWISS HIGHLANDER SÄNTIS MALT, APPENZELLER SINGLE MALT (40 VOL.-%)

Farbe	Hellbraun
Klarheit	Blank, kein Bodensatz
Geruch	Typisch, rein, sauber, kein Fremdgeruch, frisch, malzig
Geschmack	Typisch, rein, sauber, kein Fremdgeschmack, leicht malzig, frische Holznote

Gesamtbeurteilung

Typischer harmonischer, runder Malzwhisky

BRAUEREI LOCHER, SWISS HIGHLANDER SINGEL MALT, EDITION SIGEL (40 VOL.-%)

Farbe	Hellbraun
Klarheit	Fast blank, kein Bodensatz
Geruch	Typisch, rein, sauber, rauchig, frei von störenden Fremd-gerüchen
Geschmack	Typisch, rein, sauber, rauchig, frei von störendem Fremd-geschmack, im NT deutlicher Holzton, langer Abgang

Gesamtbeurteilung

Typischer kräftiger Malt mit deutlicher Rauchnote.

Die Lagerung in kleinen Eichenfässern und die Verwendung von Rauchmalz komponierten einen sehr schönen Malt für Liebhaber.

Verbale Beurteilung *(Team „Kochen & Küche")*
Ein fruchtig frischer Whisky mit leichter, angenehmer Bitterkeit

LOCHER BRAUEREI, SWISS HIGHLANDER SINGLE MALT CASK STRENGTH PEATED, EDITION DREIFALTIGKEIT (52 VOL.-%)

Farbe	Dunkelbraun
Klarheit	Blank, kein Bodensatz
Geruch	Typisch , rauchig, rein, sauber, frei von störendem Fremd-geruch
Geschmack	Typisch, rauchig, ansonsten rein und sauber sowie frei von störendem Fremdgeschmack

Gesamtbeurteilung
Rauchig, im Abgang kräftiger Holzton, ein Whisky-Typ für Liebhaber dieses Genres. Kräftiger intensiver Rauchwhisky.

Verbale Beurteilung *(Team „Kochen & Küche")*
Sehr intensive Rauchnote, mit Aromen von verbrannten Nadelhölzern mit
malziger Süße im Abgang

Appenzeller Landschaft
(links)
Torf aus einem Appenzeller
Hochmoor (rechts)

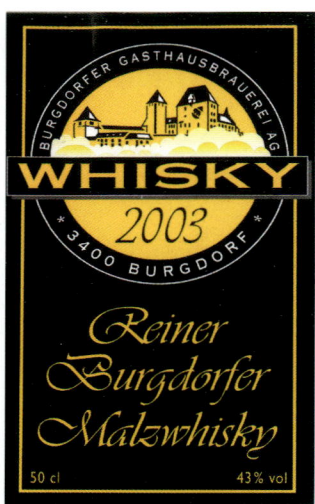

Burgdorfer Gasthaus-brauerei AG

Schweiz
Bern
CH-3401 Burgdorf
Wynigenstrasse 13
T: +41-34-423-1364
   +41-34-422-6995
F: +41-34-423-1363
M: +41-79-713-0710
www.burgdorfer.ch
info@burgdorferbier.ch

Ansprechpartner
Werner Weber,
Joachim Kilian (Braumeister)

Burgdorfer Gasthausbrauerei

Geschichte und Betriebsbeschreibung

Das Städtchen Burgdorf liegt im Kanton Bern und besitzt eine lange Brauerei-Tradition. Im Jahre 1999 wurde eine Kleinbrauerei, die Burgdorfer Gasthausbrauerei AG, gegründet und ins Leben gerufen. Das Motto der Gasthausbrauerei lautet: „Bier braucht Heimat." Die Antwort darauf lautet: „In Burgdorf hat es."

In der Brauerei, die nach modernsten Gesichtspunkten eingerichtet ist, werden im Jahreskreis vier Biersorten hergestellt: ein helles und dunkles Vollbier (beide sind das ganze Jahr erhältlich), zusätzlich im Sommer ein Weizenbier (Weißbier) und im Winter ein Bockbier.

Das dunkle Vollbier wird Aemme genannt, im Gegensatz zum Fluss Emme, der durch Burgdorf hindurchfließt.

Als Brauwasser dient hervorragendes heimisches Wasser (Emmental), als Grundstoff für die hellen und dunklen Malze wird zweizeilige Sommergerste verwendet. Für das Weizenbier wird ein Teil der Schüttung in Form von Weizenmalz eingesetzt, und zwar über 50 %.

Die Ausschlagmenge pro Sud beträgt 15 hl. Für den Whisky-Sud werden 10 hl ausgeschlagen.

Die untergärige Brauereihefe wird als dickbreiige Hefe eingesetzt.

Nach einigen Jahren der Überlegung folgte man doch der Meinung, dass eine Brauerei die logische Basis für die Herstellung von Whisky ist und dass Whisky ein passendes Nischengetränk für eine Brauerei darstellt. Da man nicht selbst brennen wollte und weder Einrichtung noch Erfahrung eines Getreidebrenners vorlagen, suchte man sich einen etablierten Partner, den man mit **Alfred Schwab** in Oberwil fand (siehe Seite 120). Aus dieser Symbiose entstand 2003 der erste Burgdorfer Malzwhisky.

Technologie

Aus hellem Gerstenbraumalz wird im Rahmen eines Infusionsverfahrens eine verzuckerte Maische hergestellt. Die Einmaischtemperatur liegt bei 53 °C, die Verzuckerungstemperaturen werden bei 62 und 72 °C bis zur Jodnormalität der Maische eingehalten. Anschließend wird abgeläutert. Die Anstellkonzentration der Läuterwürze beträgt 18-20 % Stammwürze. Es wird praktisch nur die Vorderwürze mit einer ganz geringen Nachgussmenge verwendet. Diese Würze wird vor dem Ausschlagen nur etwa zehn Minuten ohne Hopfen gekocht. Anschließend erfolgt die Würzekühlung. Die Anstelltemperatur liegt bei 26 °C. Die Vergärung erfolgt mit obergäriger Hefe und dauert 36–96 Stunden. Die Herstellung der Basisflüssigkeit vor der Vergärung erfolgt also nach dem Würzeverfahren.

Nach erfolgter Vergärung wird die vergorene Würze (= Jungbier) in die Brennerei gebracht und dort destilliert. In Schottland nennt man dieses Jungbier oft „Destillers Beer".

Die Brauerei wird geleitet von Verwaltungsrat Werner Weber und Braumeister Joachim Kilian.

Die Destillation in der **Brennerei Schwab** (siehe Seite 120) wird nach dem Pot-Still-Verfahren durchgeführt, d. h., es wird in Brennblasen nach dem Rohbrand-/Feinbrand-Verfahren ohne Einsatz von Verstärkerböden gearbeitet. Ein Dephlegmator wird verwendet. Die Brennblasen haben eine Kapazität von 180 Litern. Die Mittellaufkonzentration beträgt ca. 80–82 Vol.-%.

Die Lagerung des hochprozentigen Destillates erfolgt in Eichenfässern, wobei eine Lagerzeit von drei, fünf und zehn Jahren angestrebt wird.

Vor der Abfüllung auf 0,5-Liter-Glasflaschen wird das Destillat auf 43 Vol.-% Trinkstärke eingestellt, und zwar mit Burgdorfer Stadtwasser, das vorher mittels Ionenaustausch auf ein bis zwei Härtegrade entmineralisiert wird.

Die erste Abfüllung „Reiner Burgdorfer Malzwhisky" stammt aus dem Jahre 2003.

BURGDORFER GASTHAUSBRAUEREI, REINER MALZWHISKY

(43 Vol.-%, 2005)

Farbe	Mittelbraun
Klarheit	Blank, kein Bodensatz
Geruch	Typisch, rein, sauber, kein Fremdgeruch, malzig
Geschmack	Typisch, rein, sauber, kein Fremdgeschmack, malzig, leichte Süße im NT, kräftiger, aber nicht störender Holzton

Gesamtbeurteilung

Typischer angenehmer Malzwhisky.

Verbale Beurteilung

Malzige Süße, passender Abgang. Er ist erdig, blumig auf der Zunge und im Geschmack ein wenig an Honig erinnernd.

Brennerei Alfred Schwab

Schweiz
Bern
CH-3298 Oberwil bei Büren
Barweg 11
T: +41-32-3513667
F: +41-32-3513667
hispeed.ch/brennereischwab
alfredschwab@swissonline.ch

Ansprechpartner
Alfred Schwab

Brennerei Schwab

Der erste Whisky war ein Malzwhisky, der für die Burgdorfer Brauerei 2003 hergestellt wurde.

Geschichte und Betriebsbeschreibung

Der Brennereibetrieb wurde 1919 von Albert Schwab gegründet und ist seitdem ein Familienbetrieb. Zunächst wurde eine fahrbare Brennerei erworben, mit der man von Hof zu Hof zog und das eingemaischte Obst abbrannte. 1956 erfolgte die Übergabe an den jüngsten Sohn, 1968 eine einschneidende Modernisierung des Brennereibetriebes. Die fahrbare Brennerei wurde in eine stationäre Brennerei umgewandelt. 1982 wurde der Betrieb an Alfred Schwab übergeben, der Zug um Zug Umbauten und Erneuerungen durchführte. 2005 wurde die Brennerei komplett erneuert. 2008 verbesserte Schwab die energiewirtschaftliche Situation des Betriebes und installierte eine Hackschnitzelheizung. 2010 wurde schließlich eine Entsteinungsanlage aufgestellt, welche nicht nur das Entsteinen von Steinobst ermöglicht, sondern auch die Entstielung von Williamsbirnen etc. Diese Maßnahmen sollen den Blausäuregehalt bzw. den Urethangehalt der Brände reduzieren.

Neben der Erzeugung von Eigenbränden führt die Brennerei Schwab auch eine Lohnbrennerei und erzeugt aus angelieferten Obstmaischen diverse Obstbrände. Zusätzlich wird in der Brennerei Schwab Brennereizubehör aller Art für private Schnapsbrenner verkauft.

Seit 1999 werden zusätzliche stärkehaltige Rohstoffe wie Kartoffeln und Getreide in der Brennerei verarbeitet. Die Erzeugung von Malzwhisky in Zusammenarbeit mit der Burgdorfer Brauerei stellt ein weiteres Standbein des innovativen Brenners dar.

Technologie

Das in der Brauerei vergorene Jungbier wird zur Brennerei gebracht und dort im Rohbrand-/Feinbrand-Verfahren, also im Sinne eines Pot-Still-Verfahrens, destilliert. Die Brennblasen haben eine Kapazität von 180 Litern. Ein Dephlegmator wird eingesetzt, Verstärkerböden nicht.

Das hochprozentige Destillat wird in Holzfässern aus Eiche mindestens drei Jahre gelagert. Angestrebt werden Produkte mit fünf bis zehn Jahren Lagerzeit.

Brauerei Unser Bier

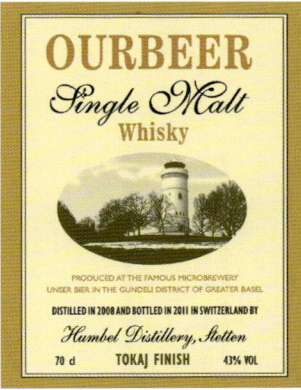

Geschichte und Betriebsbeschreibung

Die Brauerei „Unser Bier" ist eine Kleinbrauerei und befindet sich in Basel, in der Laufenstrasse 16, im Stadtteil Gundeli. Geschäftsführer ist Luzius Boshard, als Braumeister fungiert Florian Schmidt. Die Brauerei wurde 1997 gegründet und ist modern eingerichtet. Alle Geräte sind aus Edelstahl gefertigt.

Pro Sud werden ca. 20 hl ausgeschlagen. Im Erzeugungsprogramm sind zwei untergärige Biere mit etwa 12 % Stammwürze. Es handelt sich bei diesen Hauptsorten um das **Blonde**, also um ein helles Vollbier, und um das **Amber**, ein dunkles Vollbier. Daneben wird für die Sommermonate ein **Sommerbier** mit 10,5 % Stammwürze erzeugt. Außerdem wird ein mit Koriander und Orangenschalen gewürztes **Weihnachtsbier** mit ca. 14 % Stammwürze gebraut. Dies sind alles untergärige Biere. Weiters ist ganzjährig ein obergäriges Weizenbier zu haben.

Das Motto des Betriebes lautet: *Trink Gutes und sprich darüber*; aber auch: *Bier von hier statt Bier von dort!*

Technologie

Neben hellem Gerstenbraumalz (Pilsner Malz) wird auch dunkles Gerstenbraumalz (Münchner Malz) sowie Carahell und Caramünch verwendet. Für das Weizenbier wird natürlich ein bestimmter Schüttungsanteil in Form von Weizenmalz eingesetzt. Bei allen Malzen handelt es sich um Bio-Malze.

Das zur Verfügung stehende Brauwasser ist sehr hart, daher wird es im Betrieb enthärtet.

Bereits kurz nach der Brauereieröffnung wurde die Erzeugung eines Malzwhiskys ins Auge gefasst und nach einem etablierten Brenner gesucht, der sich dieses Unterfangen zutraute. Mit der **Brennerei Humbel** in Stetten (siehe Seite 123) wurde ein innovativer Brenner gefunden. Im Jahre 2004 wurde der erste Whisky abgefüllt, nachdem er drei Jahre in Holzfässern aus französischer Eiche verbracht hatte. Die letzten sechs Monate wurde der Whisky in einem Tokaj-Holzfass gelagert, das extra aus Ungarn importiert wurde und in welchem vorher der berühmte ungarische Tokajer jahrelang gereift war.

Der Whisky erhielt den Namen **Ourbeer Single Malt Whisky** und wird auf 43 Vol.-% Trinkstärke eingestellt.

Brauerei Unser Bier

Schweiz
Basel
CH-4002 Basel
Laufenstrasse 6
T: +41-61-33883- 83
F: +41-61-33883-84
www.unser-bier.ch
info@unser-bier.ch

Ansprechpartner
Luzius Boshard (Geschäftsführer), Florian Schmidt (Braumeister)

whiskyschokolade

Handgeschöpfte Schokolade von Brändli
mit feinem Single Malt von Unser Bier

In der Brauerei wird der Rohstoff für die Vergärung nach dem Würzeverfahren hergestellt. Neben hellem Gerstenbraumalz wird auch etwas Rauchmalz für die Schüttung verwendet. Zur Vergärung wird eine obergärige Spezialhefe eingesetzt. Die Gärdauer beträgt drei bis fünf Tage bei Temperaturen von 25 bis 30 °C. Der Alkoholgehalt der reifen Maische liegt bei 6 bis 6,5 Vol.-%. Nach beendeter Hauptgärung wird die vergorene Maische in die Brennerei gebracht und sofort abdestilliert.

Die Destillation erfolgt nach dem Pot-Still-Verfahren. Der Blaseninhalt beträgt 500 Liter. Es wird ein Dephlegmator eingesetzt sowie zwei bis drei Verstärkerböden. Das Verfahren ist also eine Mischung aus reinem Pot-Still-Verfahren und Kolonnen-Verfahren. Die Mittellaufkonzentration beträgt etwa 78 Vol.-%.

Die Lagerung verläuft wie bereits beschrieben. Die Einstellung auf Trinkstärke wird mit Hilfe von entmineralisiertem Wasser durchgeführt.

Neben einem Whisky, der die dreijährige Mindestlagerzeit erfüllt, ist geplant, auch einen Whisky mit sechs oder zwölf Jahren Lagerzeit auf den Markt zu bringen.

BRAUEREI UNSER BIER, SINGLE MALT WHISKY (43 VOL.-%, 2006)

Farbe	Mittelbraun
Klarheit	Blank, kein Bodensatz
Geruch	Rein, sauber, kein Fremdgeruch, etwas scharf (Alkohol), braucht noch Lagerzeit
Geschmack	Rein, sauber, kein Fremdgeschmack, leichte Süße im AT, malzig, jung, braucht noch Lagerzeit

Gesamtbeurteilung
Ein Malt mit Potential, der noch Lagerzeit benötigt.

Verbale Beurteilung
Sehr gute Basis, benötigt noch mehr Lagerzeit bis die volle Reife erreicht ist.

Die Humbels erzeugen den Whisky für die Brauerei „Unser Bier"

HUMBEL SPEZIALITÄTENBRENNEREI AG

GESCHICHTE UND BETRIEBSBESCHREIBUNG

Das Wahrzeichen der Brennerei Humbel und schlichtweg von Stetten ist der Kamin mit dem Storchennest. Dieser ist weithin erkennbar.

1918 gründete Max Humbel die Brennerei und führte sie bis 1961. Dann übergab er den Betrieb an seinen Sohn Maximilian, dessen Bruder unterstützte ihn und arbeitete fleißig mit. Aus einem bäuerlichen Brennereibetrieb wurde eine Obstbrennerei, die zunächst alle traditionellen Schnäpse aus Schweizer Obst herstellte, die möglich waren. Ab 1991 erfolgte ein Ideologie-Wechsel. Der All-Round-Brenner Lorenz (Maximilians Sohn) und dessen Cousin Beat erkannten die Zeichen der Zeit und aus einem Allesbrenner wurde ein Spezialitätenbrenner, ein Kirschbrenner aus Leidenschaft. Der Betrieb wurde durch die Herstellung zahlreicher reinsortiger Kirschbrände rasch weitum bekannt.

Als 1997 die Brauerei „Unser Bier" in Basel gegründet wurde, mutierte der Obstbrenner Humbel auch zum Getreidebrenner und nachdem der Gedanke einer Kooperation mit der Brauerei geboren war, auch zum Whisky-Brenner. Er stellt für die Brauerei „Unser Bier" den Whisky „Our Beer Single Malt Whisky" her.

TECHNOLOGIE

2004 wurde die Brennerei völlig neu gebaut bzw. umgebaut und präsentiert sich seitdem dem Besucher mit neuem Gesicht. Der Storchenkamin ist natürlich geblieben.

Die Technologie wurde bereits bei der Erwähnung der Brauerei „Unser Bier" beschrieben.

Spezialitätenbrennerei Humbel AG

Schweiz
Aargau
CH-5608 Stetten
Baumgartenstrasse 12
T: +41-56-496 50 60
F: +41-56-496 50 62
www.humbel.ch
info@humbel.ch

Ansprechpartner
Lorenz Humbel

Wädi-Brau-Huus AG

Schweiz
Zürich
CH-8804 Au/Wädenswil
Steinacherstrasse 10 und
Florhofstrasse 13
T: +41-44-7826655
www.waedenswiler.ch
bier@waedenswiler.ch

Ansprechpartner
Christian P. Weber

WÄDI-BRAU-HUUS-AG

GESCHICHTE UND BETRIEBSBESCHREIBUNG

Die Geschichte des Brauwesens in Wädenswil reicht bis 1826 zurück.

Seit 1856 ist der Name **Weber** eng mit dem Brauwesen verbunden. Nach vielen Höhen und Tiefen wurde schließlich 1992 die WÄDI-BRAU-HUUS AG gegründet. Heute wird die Firma von Christian P. Weber als Geschäftsführer geleitet. Die Produktion untersteht Herrn Dipl. Braumeister Julius Brzoska.

Das Wädi-Bräu ist die erste Zürcher Gasthausbrauerei. 1992 wurde auch das erste Schweizer Bio-Bier eingebraut und ausgeschenkt. Neben sieben Biersorten ist auch ein Bierbrand im Angebot, der aus der Biersorte Wädenswiler Hell hergestellt wird. Die Idee, einen Whisky herzustellen, war naheliegend. Da die Erzeugung des Bierbrandes bereits von der Brennerei **Rudi Käser** (siehe Seite 126) durchgeführt wurde, wollte man auch bei der Whisky-Erzeugung zusammenarbeiten. Eine Kooperation wurde geboren. Im Wädi-Bräu wurde die vergorene Würze als Rohstoff hergestellt, in der Brennerei Käser, die sich heute WHISKY-CASTLE nennt, wurde der erste Single Malt Whisky 8820 destilliert und gelagert. Die erste Destillation erfolgte 2002, die erste Abfüllung nach drei Jahren Lagerzeit.

Neben den untergärigen Biersorten Hell, Hanf, Dunkel, Blond-Premium und Ur-Pils wird auch ein obergäriges Ur-Weizenbier gebraut. Die Biere werden zum Teil filtriert (Blondes) und zum Großteil unfiltriert ausgeschenkt bzw. abgefüllt. In Anlehnung an die Whisky-Produktion wird auch ein Single Malt Beer hergestellt, das untergärig vergoren und aus Whisky-Malz eingebraut wird. Das Bier hat 16,5 % Stammwürze und einen Alkoholgehalt von 6,5 Vol.-%.

TECHNOLOGIE

Für den Whisky-Sud wird reines Gerstenmalz verwendet, das mittels Rauch von Buchenholzspänen schonend getrocknet wird. Der Sud erfolgt im Infusionsverfahren, die Würze wird durch Abläuterung gewonnen. Nach einer Vergärung mit einer Spezialhefe wird das Jungbier zur Brennerei Käser gebracht und dort destilliert.

Der hochdekorierte Brenner Rudi Käser ist durch seine Obstbrände berühmt geworden und hat seine Produktpalette seit der Gesetzesänderung 1999 auch auf Getreidebrände ausgeweitet. Das Highlight des Betriebes ist das Whisky-Castle, eine nach amerikanischem Vorbild erbaute Whisky-Brennerei. Zum Destillieren wird eine kupferne Pot-Still mit einer Kapazität von 600 Litern verwendet. Es handelt sich um eine Wasserbadbrennerei, mit welcher zweimal gebrannt wird. Der Helm ist nach dem Vorbild schottischer Pot-Still-Anlagen zwiebelförmig ausgebildet. Nach dem Feinbrand wird das hochprozentige Destillat in neue Doublewoodfässer aus amerikanischer Steineiche und französischer Limousin-Eiche gefüllt, um dort drei Jahre zu reifen. Zumindest der erste Single Malt wurde nach diesem Schema gelagert. Für die weiteren Jahrgangswhiskys werden andere Lagervariationen getestet.

Eine Besonderheit des neu erbauten Fasslagerkellers ist das Bodenmaterial. Der Boden besteht aus feinem Kies. Dieses Material wirkt feuchtigkeitsausgleichend und hilft mit, den Verdunstungseffekt in den Fässern zu reduzieren, d. h., den Schwand oder Schwund im Rahmen der Lagerdauer zu mildern.

Eine weitere Besonderheit im Betrieb von Rudi Käser wird die geplante eigene Tennenmälzerei sein, welche es gestatten soll, verschiedene Getreidesorten individuell zu vermälzen und auch die Trocknung in der Darre je nach Bedarf den Erfordernissen anzupassen. Für den Mälzereibetrieb wird natürlich ein eigener Fachmann erforderlich sein.

Als Brauwasser für den Sud dient das übliche Brauwasser. Zum Einstellen auf Trinkstärke in der Brennerei dient entmineralisiertes Wasser.

Als Verkaufsware für Aktionäre steht Whisky in Fassstärke (55 Vol.-%) und ein auf 43 Vol.-% eingestellter Jahrgangswhisky zur Verfügung.

WÄDI BRÄU, SINGLE MALT WHISKY 8820 (61 VOL.-%, 5 JAHRE ALT)

Farbe	Hellbraun
Klarheit	Blank, kein Bodensatz
Geruch	Typisch, rein, sauber, kein Fremdgeruch, malzig
Geschmack	Typisch, rein, sauber, kein Fremdgeschmack, malzig, leichter Vorderwürzeton, unverdünnt scharf (Alkohol), verdünnt auf 40 Vol.-%: rund, sauber, kein Fremdgeschmack, zarter Rauchton, zarter Holzton

Gesamtbeurteilung
Ein Single Cask Malt, der verdünnt werden muss, um sich zu offenbaren.

Verbale Beurteilung
Wuchtiger Malt, der erst nach einer Verdünnung zeigt, was in ihm steckt.

WHISKY CASTLE
SWITZERLAND

Käsers Schloss AG

Schweiz
Aargau
CH-5077 Elfingen
Im Schloss 17
T: +41-62-876-1783
F: +41-62-876-3075
www.kaesers-schloss.ch
www.whisky-castle.ch

Ansprechpartner
Herr Ruedi Käser

BRENNEREI KÄSERS SCHLOSS

GESCHICHTE UND BETRIEBSBESCHREIBUNG

Der Feinkostbauernhof der Familie Käser liegt in Elfingen im Fricktal inmitten von Obstgärten, Gemüsekulturen und Weinbergen. Hier werden seit 50 Jahren landwirtschaftliche Produkte erzeugt und vermarktet. Neben Früchten und Gemüse werden auch Obstsäfte, Wein, Essig, Teigwaren und Edelbrände erzeugt und hergestellt. Seit über 200 Jahren schaut dieser Hof, der irgendwann einmal als Schloss bezeichnet wurde, weit ins Land hinaus. Als 1993 die Zusammenarbeit mit der Wädi-Bräu geboren wurde, begann Käser, sich mit der Whisky-Produktion zu beschäftigen, und errichtete ein neues Brennereigebäude, in dem Whisky erzeugt wurde. Die Brennerei wurde im Stil einer traditionellen amerikanischen Farmbrennerei ausgeführt und Käser nannte das Gebäude *Whisky Castle*.

TECHNOLOGIE

Um der Whisky-Herstellung eine besondere Note zu verleihen, ließ sich Käser nach schottischem Vorbild eine original Pot-Still-Anlage für die Destillation der Whisky-Maischen bauen. Der Inhalt der kupfernen Brennblase beträgt 600 Liter. Die Beheizung erfolgt nach dem System einer Wasserbad-Brennerei. Als erstes Produkt entstand ein Bierbrand und 2002 wurde der erste Malzwhisky für Wädi-Bräu destilliert. Der Malt Whisky erhielt nach dreijähriger Lagerung in Doublewood-Eichenfässern den Namen **„Wädenswiler Single Malt Whisky".**

Für die Lagerung wurden keine gebrauchten Barrique-Fässer, in welchen vorher Sherry oder Bourbon gelagert worden war, verwendet, sondern neue Fässer aus der amerikanischen Steineiche und der französischen Limousin-Eiche, die man daher als Doublewood-Fässer bezeichnet.

Käser ging sogar so weit und erklärte, nur mit einer schottischen Pot-Still-Anlage mit originalem Zwiebelhut könne man wirklich guten Whisky destillieren. Ich hoffe, er meinte damit Malzwhisky. Dies ist natürlich seine persönliche Meinung.

Neben dem Malt Whisky für den Wädi-Bräu begann Käser, noch andere Getreidebrände aus verschiedenen Rohfruchtarten, wie Gerste, Roggen, Dinkel, Mais etc., zu produzieren. Dabei experimentierte er nicht nur mit verschiedenen Rohstoffen, sondern auch mit Gemischen aus diesen. Ferner setzte er für die Lagerung diverse Fassmaterialien ein, verschiedene Hölzer, sowohl neue als auch „vorbelastete Fässer", d. h. Fässer, die vorher mit Sherry, Portwein etc. befüllt gewesen waren. Diese Produkte, es sollen inzwischen mehr als 16 sein, können im Brennereishop degustiert und gekauft werden.

Die geplante Mälzerei, welche als Tennenmälzerei – das Getreide wird in relativ dünnen Schichten auf dem Boden ausgebreitet und regelmäßig manuell gewendet – betrieben werden soll, eröffnet zudem ein Feld für Experimente und Versuche und lässt neue innovative Produkte erwarten. Es wäre dies eine Bereicherung auf dem Whisky-Sektor, da es weltweit nur mehr sehr wenige Betriebe gibt, welche die komplette Linie Mälzerei-Brauerei-Brennerei im eigenen Haus besitzen.

Für die sensorische Beurteilung wurden leider keine Produkte zur Verfügung gestellt.

Das Brenngebäude ist im Stile einer amerikanischen Farmbrennerei gestaltet.

Rugenbräu AG

Schweiz
Bern
CH-3800 Interlaken-Matten
Wagnerenstrasse 40
T: +41-33-826 46 46
F: +41-33-826 4640
www.rugenbraeu.ch
office@rugenbraeu.ch

Ansprechpartner
Bruno Hofweber, Philipp
Adler, Heiko Fahrenbruch
(Braumeister), Brigit Steiner

RUGENBRÄU AG

GESCHICHTE UND BETRIEBSBESCHREIBUNG

Die Geschichte der Rugenbräu AG geht auf das Jahr 1866 zurück. 1875 wurden die Felsenkeller im Rugen erbaut. Nach vielen Höhen und Tiefen und diversen Umstrukturierungen in der Brauereilandschaft kam es 1988 zur heutigen Form des Unternehmens. Der Name Hofweber ist seit 1895 mit der Brauerei verbunden. Die Brauerei besitzt heute einen Getränkeausstoß von ca. 80.000 hl. Als am 1. Juli 1999 die neue Alkoholverordnung in der Schweiz in Kraft trat, durften auch stärkehaltige Rohstoffe zu Alkohol verarbeitet werden. Was lag also näher, als mit der Herstellung von Whisky zu liebäugeln, zumal Brauerei und Whisky-Brennerei deutliche Parallelen in der Herstellung aufweisen. Man suchte also einen geeigneten Partner in der Brennerei-Szene, den man in der Spezialitäten-Brennerei Zürcher in 2562 Port fand (siehe Seite 131). 2004 wurde der erste Whisky-Sud in der Brauerei ausgeschlagen (ca. 320 hl), vergoren und anschließend bei Zürcher destilliert. Das hochprozentige Destillat wurde nach der Destillation in Fässer gefüllt und bis 2008 gelagert. Im März 2008 erfolgte die erste Abfüllung auf Flaschen.

TECHNOLOGIE

Die Brauerei ist modern eingerichtet und wird konventionell betrieben. Im Sudhaus werden rund 300 hl pro Sud ausgeschlagen. Die Kapazität des Gär- und Lagerkellers beträgt rund 9.000 hl, die Filteranlage leistet 100 hl/h, die Flaschenfüllerei hat eine Stundenleistung von 12.000 Flaschen. Die

Fassfüllerei ermöglicht eine Füllung von 80 Containern à 20 Liter pro Stunde.

Das Maischverfahren für den Whisky-Sud unterscheidet sich nicht vom üblichen Maischverfahren bei der Bierherstellung. Wichtig ist eine Jodnormalität der Maische. Die verzuckerte Maische wird abgeläutert, kurz ohne Hopfen gekocht, anschließend im Plattenkühler auf Anstelltemperatur abgekühlt und dann mit einer Spezialhefe vergoren.

Die Brennerei Zürcher besitzt eine Kolonnenanlage mit Verstärkerböden, von welchen zwei Böden eingesetzt werden. Außerdem ist ein Dephlegmator im Einsatz. Trotz der Kolonnenanlage wird zweimal gebrannt, d. h., es wird ein Rohbrand und ein Feinbrand erzeugt. Die beiden Brennblasen haben eine Kapazität von je 300 Litern. Die Mittellaufkonzentration beträgt ca. 72,5 Vol.-%. Das Material der Brennblasen ist aus Kupfer.

Als Lagerbehälter für die Destillate dienen Holzfässer aus amerikanischer Weiß-Eiche, die vorher mit Oloroso-Sherry gefüllt waren. Nach der Lagerung im Felsenkeller (8-12 °C) wird das Destillat mit weichem Gebirgsquellwasser vermischt und auf 46 Vol.-% Trinkstärke eingestellt. Das Fertigprodukt heißt **„Swiss Highland Single Malt Whisky Classic"**.

Neben diesem klassischen Whisky erzeugt die Rugenbräu AG noch eine Besonderheit. Von der ersten Charge wurden drei Fässer mittels der Bergbahn auf das Jungfraujoch transportiert und dort in einer Eisgrotte gelagert. Dieser Versuch ist einmalig und sollte Erkenntnisse dahingehend erbringen, wie die Reifung eines Whiskys in 3.454 m Seehöhe erfolgt und wie diese bei kalter Temperatur abläuft. Auch die Frage, wie die Farbannahme aus dem Fass und die Alterung bei diesen Temperaturen erfolgen, sollte interessante Ergebnisse bringen. Eine kleine Menge dieses speziell gelagerten Whiskys wurde ebenfalls 2008 abgefüllt, und zwar unfiltriert und in Fassstärke mit 59,6 Vol.-%. Dieser Whisky erhielt die Zusatzbezeichnung **„Ice Label"**.

RUGENBRÄU, SWISS HIGHLAND SINGLE MALT WHISKY, „CLASSIC" (46 VOL.-%, 2006)

Farbe	Hellbraun
Klarheit	Blank, kein Bodensatz
Geruch	Typisch, rein, sauber, malzig, kein Fremdgeruch, leicht süßlicher Sherryton
Geschmack	Typisch, rein, sauber, kein Fremdgeschmack, malzig, leicht süßliche Sherrynote im AT, kräftiger aber nicht störender Holzton im NT

Gesamtbeurteilung
Gut ausbalancierter Malt aus einem Sherry-Fass.
Sherryton und Holzton ergänzen sich sehr schön.

Verbale Beurteilung *(Team „Kochen & Küche")*
Blumige Duftnote, weicher Geschmack mit Rosinenaromen.

RUGEN BRÄU, SWISS HIGHLAND SINGLE MALT WHISKY, „ICE LABEL", TOP OF EUROPE (59,6 VOL.-%, 2006)

Farbe	Dunkelbraun
Klarheit	Blank, kein Bodensatz
Geruch	Typisch, rein, sauber, malzig, leichter Sherryton, kein erkennbarer Fremdgeruch
Geschmack	Typisch, rein, sauber, malzig, leichte Süße im AT (Sherrynote), kein störender Holzton im NT, kein erkennbarer Fremdgeschmack

Gesamtbeurteilung
Schöner Malt mit Sherrynote, harmonisch.
Gut gegliederter Malt mit Harmonie in Süße und Holz.

Verbale Beurteilung *(Team „Kochen & Küche")*
Mittelschwer mit guter Struktur und weicher Süße sowie fruchtigen Aromen

Whiskylager in einer
Eisgrotte auf dem
Jungfraujoch.

SPEZIALITÄTENBRENNEREI ZÜRCHER

GESCHICHTE UND BETRIEBSBESCHREIBUNG

Die Brennerei Zürcher ist bekannt geworden durch ihre Edelbrände aus Obst, die Herstellung von Spezialitäten, aber auch durch eine Palette von exquisiten Likören.

Begonnen hat das Ganze 1954, als der Großvater des jetzigen Betreibers, Willy Zürcher, eine Brennkonzession nebst fahrbarer Brennerei erwarb und das Gewerbe eines fahrenden Brenners ausübte. 1968 wurden neue Brenngeräte angeschafft und nach dem Tode von Willy Zürcher führte Heinz Zürcher den Betrieb weiter. Bis 2004 wurde ein Zubau erstellt und eine wiederholte Erneuerung der Brennanlagen durchgeführt. Ein großer Erfolg von Heinz Zürcher war die Kooperation mit der Rugenbräu AG und die Erzeugung eines Single Malt Whiskys. Die Lagerung der Destillate wurde von der Brauerei selbst durchgeführt.

TECHNOLOGIE

Natürlich wollte die Familie Zürcher auch einen eigenen Whisky erzeugen. Der Rohstoff, die vergorene Malzwürze, wurde von der Brauerei bezogen, die Destillation erfolgte wie vorher durch Zürcher selbst und nun auch die Lagerung des eigenen Destillates. Die Reifung erfolgte in einem Oloroso-Sherry-Fass. Da die Region „Seeland" heißt, wurde für den Whisky der Name **Single Lakeland Malt Whisky** gewählt.

Neben den Spezialitäten, die der heutige Brenner Daniel Zürcher erzeugt, führt er auch Lohnbrände der verschiedensten Art durch.

Seit 2003 wird bei Zürcher regelmäßig jährlich Whisky gebrannt und mindestens drei Jahre gelagert.

Spezialitätenbrennerei Zürcher

Schweiz
Bern
CH-2562 Port
Nägelegässli 7
T: +41-32-3318583
F: +41-32-3318550
www.lakeland-whisky.ch
info@lakeland-whisky.ch

Ansprechpartner
Daniel Zürcher

ZÜRCHER'S SINGLE LAKELAND MALT WHISKY (42 Vol.-%, 2006)

Farbe	Mittelbraun
Klarheit	Blank, kein Bodensatz
Geruch	Typisch, rein, sauber, rund, malzig, kein Fremdgeruch
Geschmack	Typisch, rein, sauber, malzig, leichte Süße im AT, kein Fremdgeschmack, feiner Holzton im NT

Gesamtbeurteilung

Typischer harmonischer, sehr schöner ausgeglichener, ausgereifter Malt

Verbale Beurteilung *(Team „Kochen & Küche")*

Feiner, harmonischer Whisky mit ausgeprägtem Malz und Holzaromen und einer zarten Sherrynote

SONSTIGE BRENNEREIBETRIEBE IN DER SCHWEIZ, DIE SICH MIT DER HERSTELLUNG VON WHISKY BEFASSEN ODER BEFASSTEN

Einer der ersten Betriebe, die sich mit der Erzeugung von Whisky beschäftigten, war die Bauernhof-Brennerei „Die Holle" in Lauwil. Ferner ist das Brennerei-Zentrum Bauernhof von Edi Bieri in Baar zu erwähnen, das dem Vernehmen nach verkauft wurde, und die Bauernhof-Brennerei der Familie Urs Lüthy, die in Muhen zu Hause ist. Diese Betriebe reagierten nicht auf das Schreiben des Verlages oder hatten andere Gründe, sich nicht an diesem Werk beteiligen zu wollen.

ZUSAMMENFASSUNG UND BEURTEILUNG

In diesem Buch wurden Betriebe in Deutschland, Österreich und der Schweiz besprochen, die sich mit der Herstellung von Malt Whisky und Grain Whisky sowie mit der Erzeugung von Blends beschäftigen.

Die Beteiligung der angeschriebenen Produzenten lag im Mittel bei 68,75 % – ein sehr positives Ergebnis. Im Nachhinein kann festgehalten werden, dass es in der Tat nur gute bis sehr gute und von sich und ihren Produkten wirklich überzeugte Produzenten waren, die an einer Mitarbeit interessiert waren und auch Proben zur sensorischen Beurteilung eingesandt haben.

Es handelte sich dabei um Brauer und ehemalige Obstbrenner, die Malt Whisky und Grain Whisky in den verschiedensten Varianten herstellten.

Man kann kein Land hervorheben oder negativ beurteilen. Es wird ausdrücklich festgehalten, dass in allen drei Ländern gute bis hervorragende Qualitäten erzeugt werden.

Aber, wie schon oft betont, Whisky kann nicht imitiert oder nachgemacht werden. Dafür gibt es zu viele Imponderabilien, technische und technologische Unterschiede und klimatische Differenzen.

Whisky ist ein Getreidebranntwein und je nach Art des Getreides, ob als vermälzte Art (= Malz) oder als unvermälzte Art (= Rohfrucht), ergeben sich ganz unterschiedliche Geruchs- und Geschmacksnuancen, die erhalten bleiben sollen.

Ziel jeder Whisky-Produktion sollte also sein, den Charakter des eingesetzten Rohstoffes so zu bewahren, dass das Endprodukt diese Charakteristika enthält und von jedem geschulten Laien als das erkannt werden kann, was es sein soll.

Holz- und Rauchnoten sollen einen zarten Rahmen um das Aromaprofil jedes Whiskys legen, so dass das Produkt einwandfrei erkannt werden kann und nicht durch ein Übermaß an Holz oder

Rauch geruchlich und geschmacklich negativ beeinflusst oder gar überdeckt wird. Es gibt jedoch auch Betriebe, die für ausgesprochene Liebhaber sehr holzbetonte Qualitäten herstellen.

> Whisky aus den vier klassischen Erzeugerländern (Irland, Schottland, Amerika und Kanada) kann also nicht imitiert werden. Der groß angelegte Test hat jedoch eindeutig gezeigt, dass alle drei Länder ihre eigenständigen Whiskys in einer Qualität herstellen, die sich hinter den „klassischen" Qualitäten in keinster Weise zu verstecken braucht.

Unter der Voraussetzung, dass der Charakter von Malts und Grains eindeutig erhalten bleibt und dieser Charakter auch von geschulten Laien sofort erkannt wird, muss den Erzeugern ein hohes Lob für die hergestellten Produkte ausgesprochen werden. Neben einer richtig durchgeführten Maischarbeit, Gärung und Destillationstechnik, die in einigen Fällen noch verbessert werden kann, liegt das Problem meist bei der Fasslagerung. Um einen zu starken und daher unerwünschten Holzton zu vermeiden, sollte in Zukunft stets eine begleitende Sensorik durchgeführt werden. Hierdurch wird vermieden, dass das Destillat zu lange gelagert wird und einen zu starken Holzton an- oder aufnimmt.

Begleitende Sensorik soll also heißen, dass nach ca. 6 Monaten Lagerzeit im Holzfass monatlich eine Verkostung der Lagerware durchgeführt werden sollte. Sobald man merkt, dass der Holzton zu stark wird und den Charakter des jeweiligen Destillates zu überdecken beginnt, sollte das Destillat aus dem Holzfass genommen und die Lagerung in „inerten" Behältern (Glas, Edelstahl, Steingut etc.) fortgesetzt werden.

Wie in jedem Beruf lernt man auch beim Schnapsbrennen nie aus. Es lohnt sich also auf alle Fälle, im positiven Sinn weiter zu arbeiten.

Die Technik, Destillate in gebrauchten Sherry-, Portwein-, Malaga- oder sonstigen Süßweinfässern zu lagern, ist eine Philosophie und derartige Produkte finden sicher ihre Liebhaber.

Am Ende bleibt mir der Dank an alle Beteiligten und die Hoffnung, dass sich bei künftigen Auflagen noch mehr Betriebe beteiligen mögen, um weiterhin zu beweisen, dass es auch in Deutschland, Österreich und der Schweiz möglich ist, qualitativ hochwertigen Whisky herzustellen.

Mödling, im Sommer 2011

BETRIEBE IN DEUTSCHLAND

Whisky-Brennerei Fink	Nellingen	Baden-Württemberg
Kleinbrennerei Fitzke	Broggingen	Baden-Württemberg
Whisky-Destillerie Fleischmann	Eggolsheim	Bayern/Oberfranken
Whisky Destillerie Gruel	Owen-Teck	Baden-Württemberg
Slyrs Destillerie Lantenhammer/Stettner	Schliersee	Bayern/Oberbayern
Erste Bayerwald Whisky Destillerie Liebl	Bad Kötzting	Bayern/Niederbayern
Spreewälder Feinbrand & Spirit. Fabrik	Schlepzig	Brandenburg
Getreidebrennerei Schraml	Erbendorf	Bayern/Oberpfalz
Spezialitätenbrennerei Volker Theurer	Tübingen	Baden-Württemberg
Uerige Obergärige Hausbrauerei	Düsseldorf	Nordrhein Westfalen

BETRIEBE IN ÖSTERREICH

Whisky Erlebniswelt J. Haider	Roggenreith	Niederösterreich
Spezialitätenbrennerei K. Lagler	Kukmirn	Burgenland
Langenrohrer Erlebnisbrauerei	Langenrohr	Niederösterreich
Lavabräu Braumanufaktur	Feldbach	Steiermark
Reisetbauer Qualitätsbrand GmbH	Kirchberg/Axing	Oberösterreich
Destillerie Weidenauer	Kottes	Niederösterreich

BETRIEBE IN DER SCHWEIZ

Burgdorfer Gasthausbrauerei	Burgdorf	Kanton Bern
Locherbrauerei	Appenzell	Kanton Appenzell
Rugenbräu	Interlaken	Kanton Bern
Brauerei Unser Bier	Basel	Kanton Basel
Wädibräu	Wädenswil	Kanton Zürich
Spezialitätenbrennerei Zürcher	Port	Kanton Bern
Käsers Schloss AG	Elfingen	Kanton Aargau
Spezialitätenbrennerei Humbel	Stetten	Kanton Aargau
Brennerei August Schwab	Oberwil	Kanton Bern

STECKBRIEF
DES VERFASSERS

Prof. Dr. Peter Jäger – Humanistisches Gymnasium, Lehre als Brauer & Mälzer an der Versuchs- und Lehrbrauerei Weihenstephan. Studium Brauwesen: Dipl. Braumeister, Studium Lebensmitteltechnologie: Diplomingenieur.

Praxis in 10 Brauereibetrieben. 5 Jahre stellvertretender Betriebsleiter der Bayerischen Versuchs- und Lehrbrennerei, Weihenstephan und Betriebsberater für das Brennereigewerbe im In- und Ausland. Promotion in dieser Zeit zum Dr. Ing.

25 Jahre an der Versuchsstation für das Gärungsgewerbe (später Österreichisches Getränke Institut) in Wien als Leiter der Prüf- und Überwachungsstelle und Leiter der Beratungsabteilung für alle Sparten der Getränkeindustrie. Der Brauereinachwuchs wurde zum Teil, der Brennereinachwuchs wurde zur Gänze in dieser Zeit von ihm ausgebildet.

Zivilingenieur für Gärungstechnik, allgemein beeideter und gerichtlich zertifizierter Sachverständiger für den Getränkebereich. Staatlich autorisierter Lebensmittelgutachter für den Getränkebereich, Fachauditor für ISO 9000 im Getränkebereich.

Ernennung zum Baurat h.c., Ernennung zum Professor, Nostrifizierung an der Universität für Bodenkultur zum Dipl.-Ing. für Gärungstechnik und Dr. nat. techn.

Mitglied der Mitteleuropäischen Brautechnischen Analysen Kommission (MEBAK).

LITERATUR-VERZEICHNIS UND ANHANG

LITERATURVERZEICHNIS

Whisky selbst gebrannt, Peter Jäger, Leopold Stocker Verlag Graz–Stuttgart, 2004

Das Handbuch der Edelbranntweine, Schnäpse, Liköre, Peter Jäger, Leopold Stocker Verlag Graz, 2006

Geheimnisvolles Wasser, Peter Jäger, Leopold Stocker Verlag Graz–Stuttgart, 2011

Diverse Firmenbroschüren und Prospekte sowie telefonische Auskünfte

Auswertung von Fragebögen

ANHANG

Verordnung (EG) Nr. 110/2008 des Europäischen Parlaments und des Rates vom 15. Januar 2008 zur Begriffsbestimmung, Bezeichnung, Aufmachung und Etikettierung von Spirituosen sowie zum Schutz geographischer Angaben für Spirituosen und zur Aufhebung der Verordnung (EWG) Nr.157

Recht bedanken möchte ich mich auch bei Hrn. Anton Liszt, der mir in den computertechnischen Angelegenheiten beistand, die Fotos anfertigte und mir diese für dieses Buch zur Verfügung stellte.